웨스트사이드 예술극장에서 〈버자이너 모놀로그〉를 공연 중인 이브 엔슬러. 1999년 뉴욕.

사진 브이데이

'민주주의를 위한 아프가니스탄여성 정상회담'에 참석한 풀뿌리 아프가니스탄여성 지도자들. 아프가니스탄여성들에 대한 지지를 요청하기 위하여 소집된 이 모임은 브이데이와 '이퀄리티 나우'에 의해 시작되었다. 이 창립 모임에는 40명의 아프가니스탄여성 지도자들이 참석하여 이틀 동안 아프가니스탄의 미래에 대한 청사진을 펼쳐 보였다. 2001년 12월 5일 벨기에 브뤼셀.

사진 게티이미지의 슈레우드 / 스콧 그리스

매디슨스퀘어가든에서 열린 전석 매진 브이데이 공연에서 무대에 오른 이브 엔슬러와 제인 폰다. 2001년 2월 10일 뉴욕.

사진: 폴라 앨런

'소녀들을 위한 브이데이 세이프하우스'의 창립자인 아그네스 파레이요가 세이프하우스 앞에서 포즈를 취하고 있다. 2002년 4월 9일 케냐 나로크.

사진: 게티이미지의 허락으로 / 프랭크 미첼로타

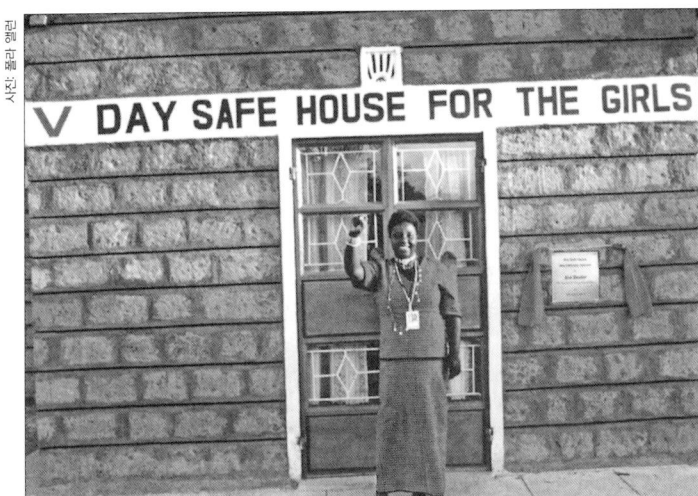

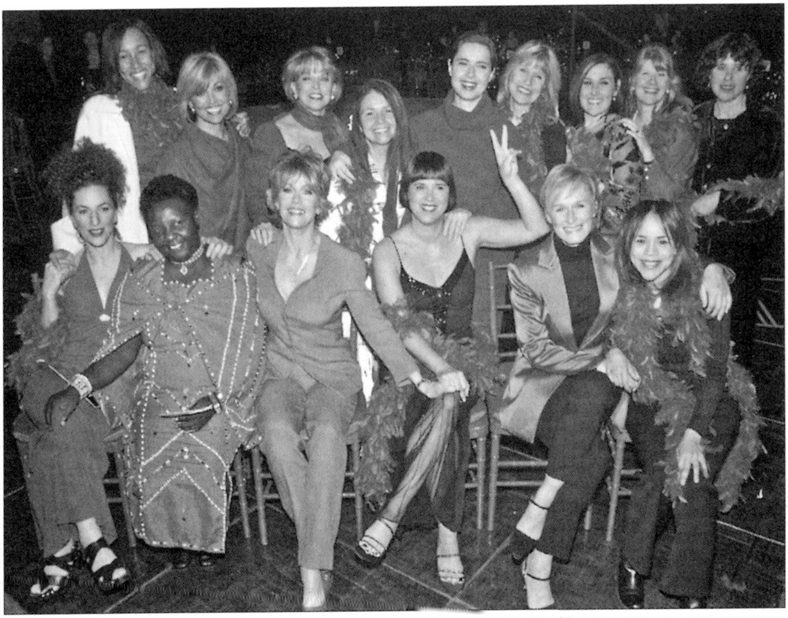

뉴욕 해머스타인 볼룸에서 열린 브이데이 행사. 뒷줄(왼쪽에서 오른쪽으로): 신시아 가렛, 캐놀 날릭, 팻 미첼, 수잔 북루스타 보이, 이자벨라 로셀리니, 도나 하노버, 리키 레이크, 주디스 이베이, 줄리 캐브너. 앞줄: 윌라 샬릿, 아그네스 파레이요, 제인 폰다, 이브 엔슬러, 글렌 클로즈, 로지 페레즈. 2002년 2월 16일.

사진: 스콧 그리스

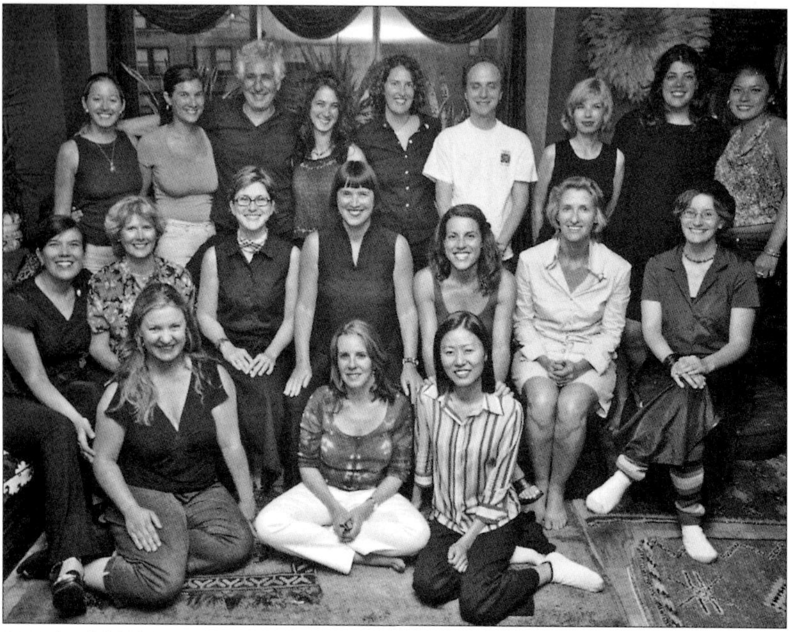

2002년 브이데이 행사 멤버들이 뉴욕에 있는 이브 엔슬러의 아파트에 모여 기념사진을 찍었다. 뒷줄(왼쪽부터 오른쪽으로): 크리스텐 코르티글리아, 레베카 휠러, 애리엘 오르 조단, 블레어 글레이서, 알렉스 폴락, 앤드류 샬릿, 허니 해리스, 앨리슨 프루티, 마리코 카와치. 가운뎃줄: 수잔 셀리아 스완, 주디 코코란, 제리 린 필즈, 이브 엔슬러, 애비 엡스타인, 바바라 바인, 다나 보이드. 앞줄: 셸 노리스, 낸시 로즈, 조명희.

사진: 애리엘 오르 조단 / 브이데이

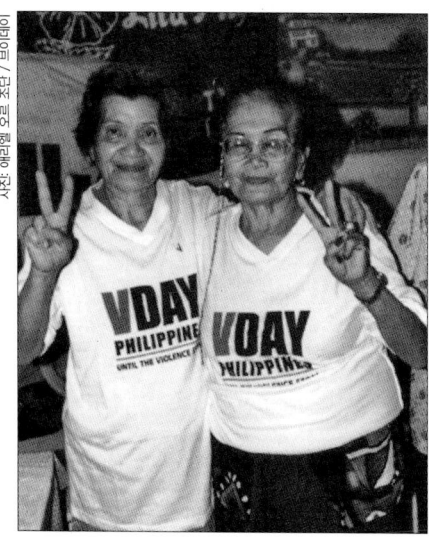

필리핀 마닐라에서 열린 브이데이 행사에 참석한 위안부 여성들. 이 행사는 모니크 윌슨과 로산나 아부에바가 제작했다. 2002년 2월.

디폴대학 바랏 캠퍼스에서 열린 브이데이 행사 출연진. 이 행사는 레베카 해밀턴이 제작했다. 2004년 2월 일리노이 주 레이크포레스트.

파인리지 인디언보호구역에서 열린 브이데이 행사에 참여한 어린 소녀들. 이 행사는 '인디언 거주지 프로젝트'의 일환으로 열렸다. 2002년 4월 사우스다코타.

크로아티아에서 열린 브이데이 행사에서. 왼쪽에서 오른쪽으로: B.a.B.e.의 코디네이터인 산자 사르나브카, 자그레브의 여성학 센터에서 온 브이데이 활동가 라다 보릭, 크로아티아 국방장관 젤즈카 안투노빅(그녀는 크로아티아에서는 최초로, 유럽에서는 두 번째로 여성 국방장관으로 선출된다) 그리고 이브 엔슬러. 2003년 2월 크로아티아 자그레브.

사진: 누르 리즈비

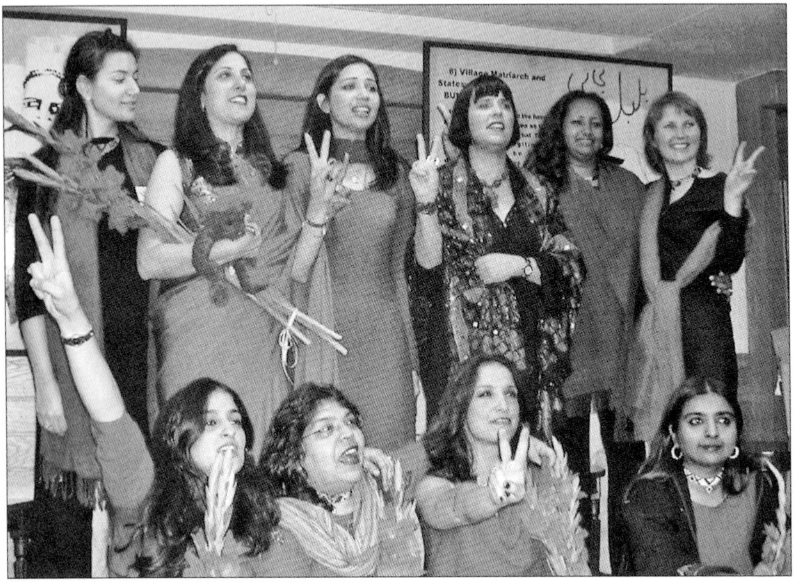

이슬라마바드에서 열린 브이데이 행사 출연진. 뒷줄(왼쪽에서 오른쪽으로): 자이나브 오마르, 사미나 페르자다, 니하트 리즈비, 이브 엔슬러, 히바크 오스만, 나디아 프라지아코모. 앞줄: 나디아 자밀, 빌키스 타히라, 아예사 알람, 그리고 브이데이 후원자 수미타. 이 행사는 니하트 리즈비가 제작했다. 2003년 3월 16일 파키스탄.

사진: 니콜레타 빌리

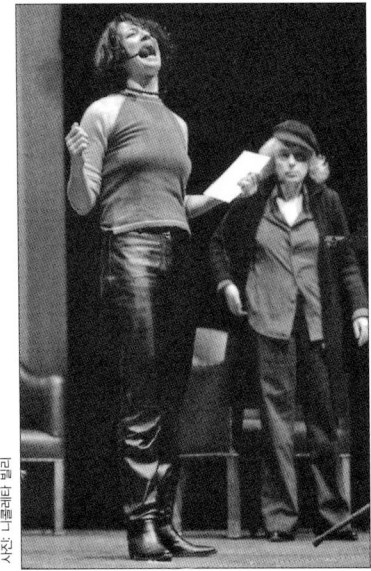

이탈리아에서 열린 브이데이 공연. 이 공연은 니콜레타 빌리와 모니카 카푸아니가 제작했다. 2003년 2월 이탈리아 피렌체.

2003년 2월 덴버에서 열린 브이데이 행사에서 선보인 보지 케이크. 이 행사는 그레첸 에크로아테가 제작했다.

아프가니스탄여성혁명협회(RAWA)의 회원인 조야가 출연한 2003년 브이데이 포스터. 이 캠페인은 50개가 넘는 잡지에 실렸으며, TV용으로 제작되어 미국 내 수백 개 방송국이 방영했다.

사진: 게티이미지의 해러오유 / 빈스 부치

2004년 로스앤젤레스에 열린 브이데이 행사에서 칼페르니아 애덤스가 공연하고 있다. 이 공연은 출연진 모두가 트랜스젠더로만 이루어졌으며 칼페르니아 애덤스와 안드레아 제임스가 제작했다. 2004년 2월 21일 캘리포니아 로스앤젤레스.

사진: 브이데이

인도 뭄바이에서 열린 브이데이 자선공연 출연진. 무하바누 모디 코트왈이 제작한 이 공연은 2회 모두 전석 매진을 기록하였으며 유명 배우들의 출연으로 국내외 언론의 조명을 받았다. 2004년 3월 8일.

사진: 조지 우존 / 게이이미지

이브 엔슬러, 제인 폰다, 샐리 필드가 국제사면위원회 시위행진에 참여하고 있다. 후아레즈에서 실종되거나 살해당한 여성들을 위한 이 시위 행진에는 7000여 명의 여성들이 참여하였다. 2004년 2월 14일 멕시코 후아레즈.

사진: 린 필링턴

웨스트민스터에서 열린 브이데이 행사에는 영국 국회의원들이 〈버자이너 모놀로그〉 공연에 참여하였다. 탐신 라비가 제작한 이 공연은 런던 크리테리온 극장에서 열렸다. 왼쪽에서 오른쪽으로: 헤티 메이 베일리, 타마라 베크위드, 런던 여성 정책 자문위원장인 애니 마요람, 제리 홀, 조운 러독 하원의원, 매닝엄의 토튼턴 공작부인, 캐롤라인 플린트 하원의원, 로나 카메론, 아조아 안도. 2004년 3월 8일 런던.

브이데이의 창립 멤버이자 브이데이 대학 캠페인을 창시한 캐런 오벨. 조이스 테네슨의 사진들을 모은 책 『보지 전사들』에서. 2002년.

왼쪽에서 오른쪽으로: 이라크 여성자유연맹의 공동 설립자인 야나르 모하메드, 아프가니스탄 국회의원인 말랄라이 조야, 오메가 연구소 공동 설립자이자 선임 자문위원인 엘리자베스 레서, 이브 엔슬러, 제인 폰다, 그리고 샐리 필드가 오메가 연구소와 브이데이가 공동으로 주최한 '여성과 힘' 회담 기자회견장에서 발언하고 있다. 2005년 9월 뉴욕.

〈버자이너 모놀로그〉 제작자인 데이비드 스톤과 브이 위원회 멤버인 멜로디 홉슨. 홉슨은 바니스 백화점의 프레즈(Fred's) 할인점에서 열린 자선 디너쇼에서 브이데이스톤상을 받았다. 2005년 2월 뉴욕.

이브 엔슬러가 최초로 '보지 진시' 대통령이 된 아이슬란드의 올라퓌르 라그나르 그림손 대통령과 만나고 있다. 2005년 2월 레이캬비크.

사진: 게티이미지의 허락으로 / 마이클 부크너

〈굿바디〉의 첫 공연 날 브이데이 행사 멤버들과. 왼쪽에서 오른쪽으로: 토니 몬테니에리, 제리 린 필즈, 수잔 셀리아 스완, 브이 위원회 멤버 캐롤 블랙, 이브 엔슬러, 브이 위원회 멤버 팻 미첼, 앨리슨 프루티, 케이트 피셔. 2006년 2월 1일 캘리포니아 로스앤젤레스.

사진: 폴라 앨런

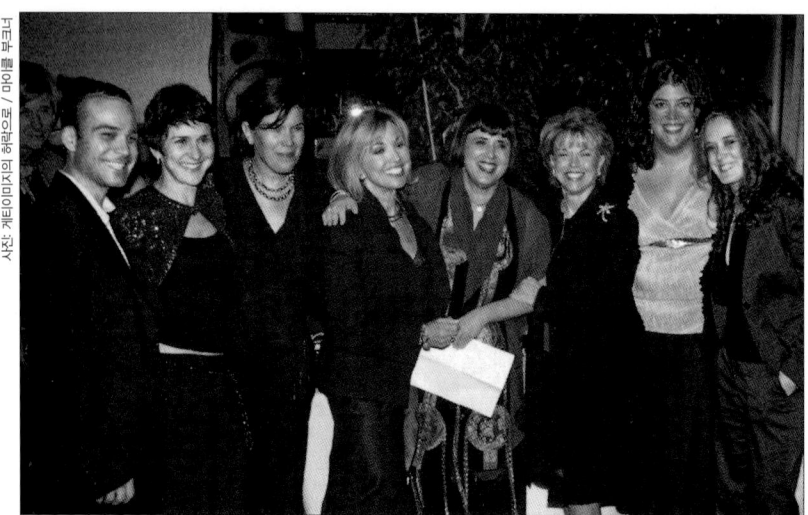

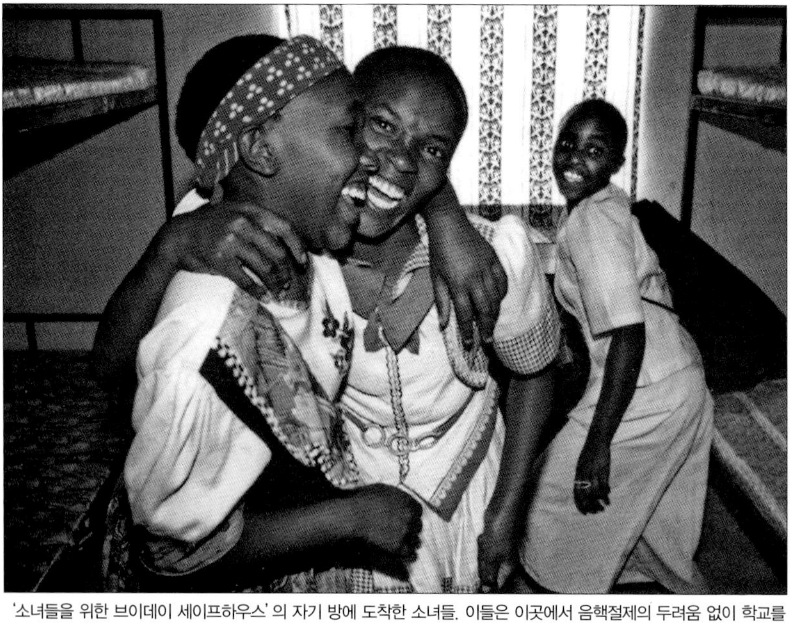

'소녀들을 위한 브이데이 세이프하우스'의 자기 방에 도착한 소녀들. 이들은 이곳에서 음핵절제의 두려움 없이 학교를 계속 다닐 수 있다. 2006년 12월 케냐 나로크.

브이 위원회 멤버인 샐마 헤이엑이 멕시코에서 열린 브이 데이 행사에서 공연하고 있다. 2006년 4월 멕시코시티.

사진: 조지 이스트로가

사진: 게티이미지의 허랑으로 / 브레이크벗

케냐의 줄리우스 아릴 보베리낭이 '폭력이 멈추는 그날까지' 마라톤 대회에서 우승으로 들어오고 있다. 2006년 6월 27일 뉴욕 브루클린.

뉴욕 시내버스가 브이데이 캠페인 '폭력이 멈추는 그날까지' 광고판을 부착하고 달리고 있다. 2007년 6월 뉴욕.

브이데이 카라마 회장인 히바크 오스만과 브이데이 카라마 지역 코디네이터인 아파프 자비리가 최초로 열린 카라마 워크숍에서. 2006년 3월 이집트 카이로.

튤레인대학에서 해마다 열리는 '브이데이 보지 전사 워크숍'에 참석한 브이데이 활동가들. 이 워크숍에서는 공연을 어떻게 무대에 올릴 것인가 하는 미학적 훈련을 받는다. 브이데이 경영 책임자이자 캠페인 책임자인 세실 리프워스와 커뮤니케이션과 캠페인 담당자인 케이트 피셔도 참석하였다. 2006년 11월 17일 뉴올리언스.

사진: 게티이미지의 허락으로 / 프랭크 미셸로타

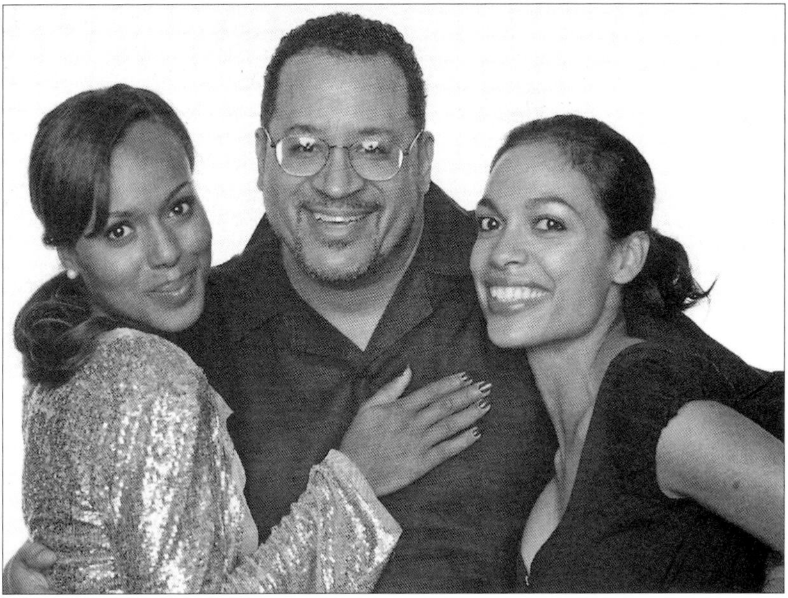

브이 위원회 멤버인 케리 워싱턴과 작가 마이클 에릭 다이슨 그리고 브이 위원회 멤버인 로사리오 도슨이 해머스타인 볼룸에서 열린 『기억, 독백, 비명 그리고 기도』의 독회에 참여했다. 2006년 6월 19일 뉴욕.

사진: 폴라 앨런

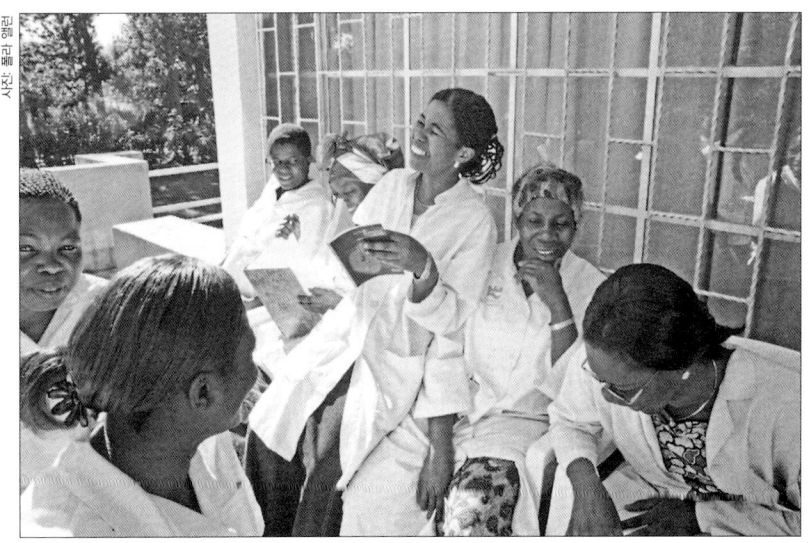

판지 병원의 직원들이 『버자이너 모놀로그』 독회에 참석하고 있다. 2007년 5월 콩고공화국 부카부.

텍사스 크리스천대학에서 열린 브이데이 공연 출연진. 이 공연은 베카 노르딘이 제작했다. 2007년 2월 텍사스 포트워스.

이브 엔슬러가 아이티 공화국의 활동가 엘비레 유진(오른쪽에서 두 번째)과 함께 카프 아이시앵에서 '브이데이 여성 시위행진'에 참여하고 있다. 2007년 4월 아이티공화국.

남극에서 열린 브이데이 행사의 출연진과 제작진. 이 행사는 에린 포펠카가 제작했다. 2007년 2월 14일 남극.

버자이너
<u>모놀로그</u>

The Vagina Monologues (10th Anniversary Edition)
Copyright © 1998, 2008 by Eve Ensler

This translation published by arrangement with Random House,
an imprint of Random House Publishing Group, a division of Random House, Inc.
All rights reserved.

Korean Translation Copyright © 2009 by Bookhouse Publishers Co., Ltd.
This translation is published by arrangement with Random House,
an imprint of Random House Publishing Group, a division of Random House, Inc.
through Imprima Korea Agency.

이 책의 한국어판 저작권은 Imprima Korea Agency를 통해
Random House, an imprint of Random House Publishing Group,
a division of Random House, Inc.와의 독점 계약으로 (주)북하우스 퍼블리서스에 있습니다.
저작권법에 의해 한국 내에서 보호를 받는 저작물이므로 무단전재와 무단복제를 금합니다.

버자이너 모놀로그
The Vagina Monologues

이브 엔슬러 지음 | **류숙렬** 옮김

북하우스

내 보지를 뒤흔들고
내 사랑을 폭발시킨 애리엘에게

나를 보호하고 세상으로 나아가게 만든
다정한 친구 봅 펜넬을 기억하며

| **10주년 기념판에 부쳐** |

   내가 뉴욕 다운타운에 있는 히어^{HERE} 극장의 작은 무대에서 '보지'라는 말을 처음 입에 올린 지 거의 15년이 지났다는 것을 믿기 어렵습니다. 이 독백들을 처음 읽었을 때 내가 느낀 가장 큰 압박은 어떻게 하면 공포에 젖은 내 입에서 그 말이 나오도록 할 수 있을까 하는 것이었습니다. 그때는 여성과 소녀들에 대한 폭력을 종식시키기 위한 운동으로서 연극 〈버자이너 모놀로그〉의 의미와, 〈버자이너 모놀로그〉 자체의 삶에 어떤 일이 일어나리라는 것을 몰랐던 것이 틀림없습니다. 심지어 희곡을 쓰리라는 생각도 없었습니다. 나는 이미 논란을 일으키는 저 아래 다운타운 극작가였습니

다. 나는 보지에 관한 연극을 한다는 것이 다운타운 극작가라는 내 명성(?)을 영구히 확정지을 것이라고 생각했습니다.

지난 15년간 내가 배운 게 있다면, 그것은 서로 정반대되는 생각을 동시에 유지하는 일이었습니다. 내가 쓴 가장 급진적인 희곡이 주류 세계에서 인정받고 초대되었습니다. 하지 말아야 할 말을 입에 올리면서 세상에 대한 내 목소리를 되찾았습니다. 여성들과 그들의 은밀한 부분에 관한 사적인 이야기를 드러내자, 여성과 소녀 들에 대한 폭력을 종식시키려는 대중적이고 세계적인 운동인 브이데이V-Day 운동이 탄생했습니다.

나는 이제 연극 〈버자이너 모놀로그〉와 브이데이 운동이라는 정반대의 세계 사이에서 살고 있습니다. 연극의 애매모호한 에너지와 사회운동이라는 더 확실한 세상 사이에서 사는 것은 나를 확장하고 영감에 가득 차게 만들었습니다. 예술은 운동을 더욱 창조적이고 과감하게 만들었고, 운동은 예술이 더욱 날카롭게 초점을 맞추게끔 만들었습니다. 또한 둘 다 동시에 근거가 더 분명하고 위험하게 만들었습니다. 둘 사이의 균형을 맞추는 비결은, 한편으로는 이데올로기를 피하고 근본주의를 경계하는 것이었으며, 다른 한편으로 파편화와 무책임을 피하는 것이었습니다. 이를테면 연극과 운동의 의도에 특정한 근거를 제공하는 일이었습니다. 그리고 개인들과 단체들이 자신들의 고유한 경험에 전망과 문화, 창조성을 가미하도록 그들을 믿어주는 것이었습니다. 비결은 단단하면서도 유연한 어떤 것을 창조하는 일이었습니다. 그것은 재빠르게 퍼져나가면서도 응축된 무언가를 갖고 있어 많은 이들이 소유하고 변화시킬 수 있는 것이어야 했습니다. 또한 그러한 융통성을 허락하는 내용과 법칙이 있어야 했습니다. 비결은 원칙과 신념 그리고 목적을 고수하면서 모순 속에서 사는 것이었습니다.

나는 이 모순적인 마찰이 브이데이 운동을 전세계로 퍼뜨리도록 힘을 주는 핵심으로 작용했다고 믿습니다. 그 말을 입에 올리는 것이 주는 위험과 흥분은 물론, 작은 마을이나 보수적인 도시에서 공연을 하는 것, 또는 아무도 예상치 못한 공연자들(목사, 의사, 전화교환원, 국회의원) 그리고 극장이 아닌 이상한 공연장들(교회, 유대교회, 여자들이 사는 집, 운동장, 공장), 이 모든 것들이 이 연극을 45개 언어로 119개 국가에서 공연하는 데 기여했습니다. 이 공연을 포함한 브이데이 운동 덕분에 여성과 소녀 들에 대한 폭력을 종식시키기 위한 풀뿌리운동은 거의 5000만 달러의 모금 실적을 올렸습니다.

승리의 이야기들이 너무나도 많습니다. 여성들은 그 말이 단 한 번도 입에 오르지 않았던 곳에서 그 말을 입에 올렸습니다. 여성들은 그들의 내부에서 그들을 검열하고 심판하는 목소리를 이기고 일어나 지역정부나 연방정부에서, 종교단체에서, 부모에게, 남편에게, 친구에게, 대학 당국자에게, 대학 총장에게 그 말을 했습니다. 그 모든 것이 승리의 기록입니다. 전세계 대학생들은 브이데이를 급진적인 연례행사로 만들었습니다. (전세계의 대학 캠퍼스마다 반드시 두 가지가 있는데, 그 하나는 스타벅스이고 다른 하나는 브이데이라는 말이 돌 정도였습니다.) 여성들은 제 몸의 주인이 자신들임을 재천명하기 시작했고 자신들의 몸의 욕망과 위반, 승리, 수치심, 모험담 등을 이야기했습니다. 여성들은 자신들의 파워를 찾고 목소리를 되찾았으며 '우연한 활동가'가 됨으로써 지도자가 될 수 있는 자질을 발견했습니다. 그들은 또한 서로를 발견했습니다. 세상의 저편에 있는 여성들을 위하여 분연히 일어서서 몸을 마비시키고 에너지를 고갈시키는 기억들을 내뱉었습니다. 여성들은 무대 위로도 올라갔습니다. 무대 한구석에서 빨간색과 핑크색 옷을 입고 뉴욕 액센트로, 남부 사투리로, 아프리카 액센트로, 인디언 액센트로, 영국 액센트로 말을 했습니다. 말하고 소리치고 속삭이고 웃고 신음했습니다.

  너무 많은 이야기들이 있고, 너무 많은 이미지들이 있습니다. 70세에서 90세 사이의 위안부 여성 30여 명이 주먹을 치켜들고 "푸키필리핀 공용어인 타갈로그어로 보지라는 뜻"라고 고함치는 장면도 있습니다. 그들 대부분은 평생 그 말을 입에 올려 본 적이 없는 여성들이었습니다. 아이슬란드 대통령은 그 자신을 보지 전사라고 선언하기도 했습니다. 수백 명의 케냐 소녀들은 그들을 음핵절제의 위험으로부터 보호해줄 브이데이 세이프하우스가 문을 여는 날에 아프리카의 태양 아래 춤을 추었습니다. 아이티공화국 카프아이시앵의 한 가톨릭 여학교에서는 500명이 넘는 사람들이 몰려들어 혼잡을 이루었습니다. 흥분한 남성들이 공연자들에게 말대꾸를 했기 때문입니다. 아이티공화국의 또 다른 도시 포르토프랭스에서는 무장한 경찰기동대가 '여성폭력을 종식하라'라는 플래카드를 차에 걸고 시내를 순찰했습니다. 콩고공화국 부카부에 있는 판지 병원의 간호사들은 『버자이너 모놀로그』 독회를 열어 콩고의 지붕 위로 콩고여성들의 신음소리가 흘러나가게 만들었습니다. 파키스탄 이슬라마바드의 여성들은 빨간 사리를 입고 아프가니스탄에서 온 자매들을 위해 공연을 했습니다. 거기 있던 모든 사람들이 울다가 웃다가 했습니다. 멕시코 시우다드 후아레즈의 거리에서는 전세계에서 온 수천 명의 사람들이 모두 일어서서 여성에 대한 살해와 신체 절단을 멈추라며 브이데이 행진을 했습니다. 뉴욕의 뛰어난 배우인 매리 앨리스는 흑인여성, 아시아여성, 라틴여성들을 위한 첫 번째 브이데이 축제에서 뉴욕 할렘가의 아폴로 극장을 그녀의 오르가슴 소리로 완전히 압도해버렸습니다. 여성을 위한 성소를 열기 위해 인도의 히마찰프라데시까지 14시간 동안 버스 여행을 하기도 했습니다. 로마 시장은 브이데이 정상회담을 로마에서 열고자 했습니다. 샌프란시스코 브이데이 행사장 로비에 마련되어 있는 7피트짜리 거대한 '버자이너 터널'을 걸어 들어가보는 이벤트도 있었습니다. 강간당한 보스니아여성들을 위한 독백 〈보지는 내 고향〉은 유엔에서, 또 매디슨스퀘어가든에서 공연되었습니다. 보스니아에서는 전쟁 당시 그곳에 있던 대학생들에 의해 공연되었으며 아테네, 마케도니아, 요하네스버그, 로열앨버트홀에서도 공연되었습니다. 브이데이 유럽정상회담이 열린 벨기에 브뤼셀에서는 7개 언어로 〈버자이너 모놀로그〉가 공연되었습니다. '보지vagina'라는 말은 아랍어로 쓰인 『베이루트 타임스』 기사 중 유일하게 영어로 쓰인 말이었습니다. 래피드시티에서 인디언 거주지의 제작자들에 의해 열린 공연에서는 관객들에게 빨간 깃털을 나누어주었습니다. 워싱턴에서 열린 농아 여성들의 공연에서는 '클리토리스'를 수화로 배우기도 했습니다. 버자이너 티셔츠, 막대사탕, 배지, 퀼트, 인형, 팬티, 포스터, 투표, 태도 그리고 스타일이 존재했습니다.

  너무나 많은 일들이 일어났고 너무나 많은 것들이 변했습니다. 우리는 이제 폭력이 줄어들거나 멈춘 곳을 가리킬 수도 있습니다. 의식이 분명하게 변화된 곳도 있습니다. 우리는 거대한 승리를 거둔 것입니다.

  그러나 물론, 그 반대의 경우도 있습니다. 세상은 여전히 여성들에게 안전하지 못합니다. 폭력은 점차 늘어나고 있으며 전쟁은 여러 곳에서 벌어지고 있습니다.

  나는 지난해 브이데이 스포트라이트 행사에서 여성문제로 갈등을 빚고 있는 지역인 아이티공화국과 콩고공화국을 여행했습니다. 나는 미국과 유럽 전역을 돌며 여성들을 만났습니다. 나는 이집트, 요르단, 모로코, 이라크, 레바논, 아프가니스탄에서 우리의 브이데이 자매들을 만났습니다.

  아이티공화국에서는 강간이 전쟁의 무기로 사용되었고, 그것이 지금은 일상화되어 널리 퍼지고 있습니다. 그곳에서는 매달 수백 명의 여성들이 강간 신고를 합니다.

콩고공화국에서 나는 여성들에게 행해지는, 영혼을 쥐어짜는 극악무도한 폭력의 이야기들을 들었습니다. 수십만 명의 여성들이 성고문을 당하고 강간을 당했습니다.

북아메리카와 유럽에서도 여전히 여성이 대학에서 강간당하고 집에서 구타당하며 거리에서 잡혀 팔려나간다는 이야기가 들립니다.

이라크에서는 미국의 침공 이래로 여성의 권리가 급속하게 파괴되었으며 명예살해와 강간, 여성살해가 늘어났습니다.

아프가니스탄에서는 군벌과 강간범, 살인자 들이 권력을 잡고 있으며, 탈레반도 돌아오고 있습니다. 소녀들은 학교에 가기를 두려워하고 여교사들은 살해당하고 의회의 저명한 여성들은 위협당하고 검열당하고 있습니다.

이집트와 아프리카 전역에서는 아직도 해마다 거의 200만 명의 여성들이 음핵절제를 당하고 있습니다.

우리는 많은 장벽들을 물리쳤습니다. 우리는 대화의 풍경을 바꿨으며, 우리의 이야기와 목소리를 되찾기도 했습니다. 그러나 우리는 우리의 뇌리에 깊숙이 박혀 폭력의 원인이 되고 있는 문화적 각인을 해체시키지는 못했습니다. 우리는 마음의 습성을 꿰뚫어보지는 못했습니다. 그것은 모든 나라의 문화에 살아남아서 폭력을 허용하며 폭력을 기대하고 폭력을 기다리며 폭력을 조장합니다. 우리는 소년들에게 두려움을 부정하도록 가르쳤습니다. 그들에게 의심하거나 필요로 하거나 슬픔에 싸이거나 연약해지거나 열려 있거나 부드럽거나 인정이 많은 것은 남자답지 못한 것이라고 끊임없이 가르쳤습니다.

우리는 아직 폭력을 거부할 수 있는 가능한 중재안을 내는 지도자가 되거나 그러한 지도자를 뽑지 못했습니다. 우리는 여성과 아이들을 보호한다고 말하면서 이라크의 폭격을 지지하는 모순적인 행위에 대해 이해하는 지도자가 되거나 그러한 지도자를 뽑지 못했습니다. 정확히 누구의 아이들을 보호한다는 것입니까? 여성들은 국제적인 차원의 침략과 지배의 메커니즘이 국내에서 일어나는 일들에 직접적으로 영향을 미친다는 사실을 이해하는 지도자가 되거나 그러한 지도자를 아직 뽑지 못했습니다. 우리는 여성에게 행해지는 폭력을 종식시키는 것이 우리 정부나 선거에서 중요한 쟁점이라는 것을 설득시킬 만큼 용감한 여성을 지도자로 뽑지 못했습니다.

우리는 아직 여성에게 행해지는 폭력이 비정상적이며 용납할 수 없는 일로 만들지 못했습니다. 우리는 죽이는 것보다 사랑하는 것을 더 두려워하는 인간 심리의 중심 구조에 일격을 가하지는 못했습니다.

여성에 대한 폭력을 끝내려면 모든 이야기가 달라져야 합니다. 우리는 수치와 모욕과 빈곤과 인종차별주의를 보아야만 합니다. 세상에 제국을 건설하는 것이 굴복당한 사람들에게 무슨 의미가 있는지를 물어야만 합니다. 우리는 여성들에게 일어나는 일들이 모든 사람들에게 영향을 미치고 있고, 그것도 아주 많이 미친다고 말해야만 합니다.

여성에 대한 폭력을 종식시키기 위해 모금을 하는 것은 또 다른 문제입니다. 그것은 인간 조건과는 다른 것입니다. 우리의 일상생활과는 동떨어진 전혀 다른 일인 것입니다. 그것은 이상한 분열을 초래하며 심지어 기괴한 허구를 만들어냅니다. 강간 방지를 위해 300만 달러를 기부한다고 칩시다. 그런 행동은 추상적이지만 꼭 존재해야 할 어떤 것들을 구체화하는 것입니다. 우리는 기부의 필요성을 느끼고 있고 그런 문제들에 돈을 기부할 때 뿌듯해지기 때문입니다. 아프리카에 세이프하우스를 짓거나, 요르단에서 열리는 워크숍을 지원하거나, 콩고공화국에 여성을 위한 병원을 짓는 일 등 말입니다. 그렇게 우리는 쉼터를 제공하고 비상용 전화를 설치하고 여성이 안전할 수 있는 장소를 만들어내는 폭력반대 운동을 창조해냈습니다. 비록 이것들이 여성의 안전을 확보하는 데 중요한 역할을 하긴 하지만, 그것들은 논점보다는 장소에, 변화보다는 구제에 초점을 맞추게 만듭니다.

바뀌어야 하는 것은 문화입니다. 우리의 신념, 문화적 행동양식, 밑바탕에 깔린 이야기가 바뀌어야 하는 것입니다.

여성에 대한 폭력을 종식시키는 것은 이타주의가 아니며, 자선활동으로 할 수 있는 무엇도 아닙니다. 그것은 심지어 입법행위로 할 수 있는 무엇도 아닙니다. 비록 법률이 여성을 보호하고 생각과 행동을 변화시킬 수 있긴 하지만 말입니다.

나는 처음부터 여성에 대한 폭력을 종식시키는 일이 나중으로 미룰 수 있는 일이 아니라고 말했습니다. 정부, 유엔과 같은 국제기구, 재단, 국내외의 정치 지도자들은 아직도 이 문제를 최우선 과제로 만들지 못했으며, 변화하려는 의지와 자원, 힘을 가지고 앞으로 나아가지도 못했습니다. 우리는 여전히, 이렇게 시간이 흐른 뒤에도 도덕적으로나 정치적으로 그리고 경제적으로 부스러기를 갖고 싸우고 있습니다. 브이데이는 여성에 대한 폭력을 종식시키는 데 세계 어느 단체보다 더 많은 돈을 모으고 있는 기관으로 부상했습니다. 그것은 좋은 소식이 아닙니다. 우리는 1년에 400만에서

600만 달러를 모읍니다. 그것은 이라크 전쟁시 10분 동안 드는 비용입니다. 이 지구상의 여성 3명 중 1명은 구타당하거나 강간당합니다. 계산을 해보세요.

여성은 지엽적이거나 하찮은 집단이 아닙니다. 우리는 세계 인구의 절반을 차지합니다. 여성에게 무슨 일이 일어나는지가 모든 것을 결정합니다. 만약 우리가 구타당하거나 고통스러운 경험을 한다면, 그것이 우리 아이들의 유전자 안에 남아서 성장하는 동안 영향을 미칠 것입니다. 만약 우리의 자존감이 파괴된다면, 우리의 딸들은 자기확신을 얻기가 아주 힘들거나 불가능하게 될 수도 있습니다. 만약 우리가 남성들에게 강간당하고 학대받는다면, 우리의 아들들은 그것을 목격하고 우리의 고통 속에서 자라날 것입니다.

여성에 대한 폭력을 종식시키는 것은 실상 우리 각자가 다른 종류의 인간이 되기 위한 투쟁에 기꺼이 참여하는 것을 의미합니다. 그것은 우리의 가정과 세상에 강제와 억압의 수단인 힘을 인정하지 않는 것입니다. 그것은 정말로 강제력을 사용하고자 하는 인간 심리의 뿌리를 점검하는 일을 의미합니다. 왜 여자들은 여전히 신체 일부를 절단당하고 지배받으며 침묵을 강요당하고 굴복하고 참아야만 하나요? 여성들이 안전하고 자유로우면 무슨 일이 일어난단 말인가요?

여성에 대한 폭력을 끝내는 것은 두려움 없이 여성의 위대한 힘에, 여성의 신비에, 여성의 가슴에, 자연에, 끝없는 섹슈얼리티에, 여성의 창조성에 문을 열어주는 것을 의미합니다.

이브 엔슬러

`차례`

10주년 기념판에 부쳐 • 9

서문_글로리아 스타이넘 • 25
들어가는 말 • 35

버자이너 모놀로그

음모 • 51
당신의 보지가 무언가를 입는다면 어떤 것을 입을까? • 57
당신의 보지가 말을 한다면 뭐라고 말할까? • 61
홍수 • 67
보지에 관한 사실, 하나 • 73
나는 열두 살, 엄마가 내 뺨을 때렸어 • 77
보지 워크숍 • 87
보지에 관한 사실, 둘 • 97
그가 그것을 보기를 좋아했기 때문에 • 99
보지는 내 고향 • 109
보지에 관한 사실, 셋 • 113
보지에 관한 사실, 넷 • 115
분노한 나의 보지 • 117
작은 짬지 • 127
음문 클럽 • 137

보지에 관한 사실, 다섯 • 143
당신의 보지에서는 무슨 냄새가 날까? • 145
컨트 재평가하기 • 155
여섯 살 소녀에게 물어봤어요 • 157
보지의 행복을 사랑하는 여자 • 159
레즈비언인 나는 • 169
나 그 방 안에 있었네 • 177

스포트라이트 모놀로그

그녀 얼굴의 기억 • 187
부르카 아래서 • 195
그들은 내 소년에게서 나온 소녀를 때렸다…… 아니면 그러려고 했다 • 201
비뚤게 땋은 머리 • 209
말하라 • 219

브이데이

브이데이: 여성의 이야기를 바꾼 10년 • 231
브이의 목소리들: 전세계에서 온 증언과 생각 들 • 251
브이데이 선언문: 폭력이 멈추는 그날까지 • 263
브이 연대표: 보지의 승리에 관한 10년의 기록 • 265

감사의 말 • 285

초판 옮긴이의 말 • 294

개정판 옮긴이의 말 • 302

| **서문** |

글로리아 스타이넘

우리는 그것을 그저 '아래'라고 표현해온 세대이다. 그 '아래'라는 말도 거의 발설할 일이 없었고, 설사 그래야 할 경우가 있더라도 속삭이는 듯한 목소리로 은밀하게 말해왔다. 우리 집안 여자들도, 여성 성기의 안쪽을 의미하건 바깥쪽을 의미하건 무조건 '아래'라고 통칭해서 불렀다.

그렇다고 그들이 '버자이너'나 '라비아' '벌바' 또는 '클리토리스' 같은 용어를 몰랐던 것은 아니다. 오히려 그 반대다. 교사가 되기 위해 고등교육을 받은 여성들이었으니까 아마 다른 사람들보다 더 많이 알고 있었을 것이다.

그들이 해방되지 못했다거나 너무 '고지식해서' 그런 것은 더더욱 아니다. 우리 집안 할머니 한 분은 아주 엄격한 개신교 목사님을 위해 (자기는 하나도 믿지 않으면서) 설교문을 대신 써주어서 돈을 벌었고, 그 돈을 다시 경마에 걸어 더 많은 돈을 벌었다. 그리고 여성참정권 운동가였고 교육자였던 또 다른 할머니는 당시 지역선거에 후보로 직접 나서서 유대인 친척들과 이웃들을 경악시켰다. 나를 낳기 전 진보적인 신문기자로 활동했던 어머니는 자신이 교육받은 방식보다 더 개방적으로 두 딸을 키운다는 사실에 긍지를 느꼈다. 나는 내 어머니가 여성의 몸을 부끄럽거나 더러운 것으로 여기게 만드는 비속어를 쓰는 것을 들은 적이 없다. 그 점에 대해 어머니에게 매우 감사한다. 앞으로 이 책에 나오겠지만 딸들은 대개 성기에 대한 엄청난 부담을 안고 성장하기 마련이다.

그런데도 나는 여성의 성기에 대한 정확한 표현을 들어보지 못했고 긍지를 느낄 수도 없었다. 예를 들면 나는 성장하면서 '클리토리스'라는 말을 단 한 번도 들어본 적이 없다. 클리토리스가 인간의 몸에서 다른 어떤 기능 없이 오로지 쾌락만을 위해 존재하는 유일한 기관이라는 사실을 안 것은 나중의 일이다. (만약 그런 기관이 남성에게만 있었다면, 그 얘기를 얼마나 많이 들어왔을 것이며, 또 듣게 될 것인가?

또 이를 정당화하기 위해 어떤 일들이 일어났을지 충분히 상상할 수 있지 않을까?) 나는 말과 글을 배우면서 우리 몸의 각 부분에 대한 이름과 기능을 모두 배웠다. 하지만 단 한 군데 예외가 있었다. 그것이 바로 입에 올릴 수 없던 그 금기어다. 덕분에 학교에 들어간 이후 교정에서 들리는 남학생들의 음담패설과 모욕적 언사에 무방비로 노출될 수밖에 없었으며 결국은 성인이 된 다음에도 여자들은 여자의 몸에 대해서 여자인 자신보다 남자들이―연인이든 산부인과 의사든 간에―더 잘 안다는 이상한 신화를 믿게 되었던 것이다.

당신이 이 책에서 확인하게 될 자기인식과 자유의 정신을 내가 처음 접하게 된 것은, 대학 졸업 후 인도에서 몇 년간 살던 때였다. 힌두교 사원과 제단에서 남성 성기의 추상적 상징인 링가를 보았고, 또 난생처음으로 여성의 성기를 상징하는 요니도 보았다. 그것은 꽃 모양의 삼각형으로, 2개의 핵심을 지닌 원통 같았다. 수천 년 전에는 이 여성상징이 남성상징보다 더 강력한 힘을 가진 것으로 숭배되었다고 전해진다. 이 믿음은 탄트라 불교로 이어져 지금까지 내려오고 있다. 탄트리즘의 중심 신앙은 남성은 여성을 통하지 않고는 영적인 완성을 이룰 수 없다는 무능의 인지에서 출발한다. 남성은 여성과의 성적·정서적 결합을 통해 여성의 우월한 영적 에너지와 접할 때에야 비로소 영적인 완성을 경험할 수 있다는 것이다. 이 믿음은 아주 넓고 깊게 퍼져 있어서 심지어 가부장적 유일신 종교들에까지 이 전통이 남아 있는 경우가 있다. 물론 이 믿음들은 주류 종교지도자들에 의해 이단시되고 주변화되긴 했지만 말이다. (지금도 상황은 마찬가지다.)

예를 들면 그노시스 기독교에서는 여성성령으로서 소피아를 숭배했으며 막달라 마리아를 예수의 제자 가운데 가장 현명한 제자로 쳤다. 탄트라 불교는 지금도 부처가 자궁 속에 존재한다고 가르치고 있으며, 이슬람의 수피교도들은 여성성령인 프라바시를 통해서만 '파나', 즉 열반에 이를 수 있다고 믿고 있다. 유대신비주의의 슈키나는 힌두교 최고의 여신 샤크티와 같은 존재이다. 심지어 가톨릭에서는 아직도 아들보다는 어머니에 중점을 둔 성모 마리아 숭배가 남아 있다. 아시아나 아프리카의 여러 나라에는 남성신뿐만 아니라 여성신을 숭배한 흔적이 많이 남아 있으며, 제단에는 자궁 속에 들어 있는 남근의 모습을 의미하는 연꽃 속의 보석들이 장식되어 있다. 힌두교의 여신 두르가와 칼리는 탄생과 죽음, 창조와 파괴를 의미하는 요니 숭배를 드러낸다.

그러나 내가 미국으로 돌아왔을 때에도 인도와 요니 숭배는 여성의 육체에 대한 당시 미국인들의 태도와는 너무나 동떨어진 것이었다. 심지어 1960년대를 휩쓸었던 성혁명의 물결은 단지 더 많은 남자들이 성적으로 더 많은 여자들을 즐길 수 있게 만들었을 뿐이다. 1950년대의 '안 돼요No'는 언제라도 기다렸다는 듯이 허락하는 '좋아요Yes'로 바뀌었다. 1970년대에 이르러 페미니스트운동이 활발해진 이후에야, 비로소 가부장적인 종교에서부터 프로이트 심리학까지(A부터 B까지의 거리), 성적 행동에 대한 이중잣대에서부터 여성의 몸을 인간 재생산의 도구로 보는 가부장적·정치적·종교적 통제에 대한 단일기준까지, 모든 것에 대한 대안이 모색되기 시작했다.

그 초창기 시절의 깨달음은 나에게 로스앤젤레스의 페미니스트 미술가 주디 시카고의 '여성의 집'으로 걸어들어가던 기억으로 상징된다. 방마다 서로 다른 여성 미술가들이 작업을 하던 그곳에서 나는 난생처음 바로 나 자신의 문화 속에서 여성의 상징을 발견했다. 이를테면 우리가 하트라고 부르는 모양은 같은 이름의 심장의 모습과는 전혀 닮은 구석이 없고 오히려 여성의 자궁과 더 비슷하다. 하트는 아마도 여성 성기의 상징일지도 모른다. 그것은 수세기 동안 남성지배 역사를 거치며 여성 힘의 원천에서 로맨스와 사랑의 의미로 축소되어버렸다. 또는 뉴욕의 커피숍에서 베티 다슨(앞으로 이 책에서 만나게 된다)과 함께했던 기억. 그녀는 해방의 힘을 갖고 있는 자위행위에 대해 유쾌하게 설명하여 듣는 사람들을 흥분시켜놓곤 정작 그녀 자신은 아무렇지도 않게 행동했다.

또는 『미즈』 잡지 사무실로 돌아와서 게시판에 붙어 있는 유머러스한 문구 중 "지금은 밤 10시—네 클리토리스가 어디에 있는지 알아?"란 글을 발견했을 때의 기억.

페미니스트들이 평가절하된 이름을 되찾기 위해 '컨트 파워cunt power'라고 새긴 배지를 달거나 티셔츠를 입고 다닐 무렵, 나는 고대로부터 유래한 원천적인 힘의 회복을 깨달을 수 있었다. 요컨대 인도유럽어인 컨트cunt, 여성 성기의 다른 표현는 칼리 여신의 호칭인 쿤다Kunda 또는 컨티Cunti에서 유래했으며, 친척을 의미하는 킨kin이나 나라를 의미하는 컨트리country도 같은 뿌리에서 나온 말이다.

현대 페미니스트운동이 시작된 지난 30년간은 강간, 아동의 성적 유린, 레즈비언 반대폭력, 아내 구타, 성희롱, 출산의 자유에 반대하는 테러, 음핵절제를 비롯해 여성육체에 대한 폭력의 실상이 드러나며 깊은 분노가 폭발했다. 여성들은 이 숨겨진 경험을 공론의 장으로 끌어내어 그것들에 이름을 붙이고 그 상처와 고통을 치유하기 위한 긍정적인 노력으로 분노를 승화했다.

200명이 넘는 여성들과의 내밀한 인터뷰를 연극을 위한 시로 바꾼 이브 엔슬러의 공연을 처음 보러 갔을 때 나는 생각했다. "난 이미 알고 있었어. 이건 우리가 지난 30년간 해온, 진실을 밝히는 여정이야." 그렇다. 여성들은 이 책에서 섹스에서 출산, 여성육체에 대한 폭력에서 여성을 사랑할 자유까지, 그들이 가장 내밀하게 경험한, 하지만 말할 수 없었던 진실한 이야기들을 털어놓고 있다. 이 책에는 장마다 말할 수 없는 것을 말하는 어떤 힘이 있다. 그것은 이 책의 출판에 얽힌 뒷이야기와 마찬가지다. 이 책에 계약금까지 치른 출판사는 다시 생각해보니 안 되겠던지 이브 엔슬러에게 원고를 반환했다. 계약금을 돌려주지 않아도 좋으니까 외설스런 V자가 나오는 이 책을 다른 출판사에나 가서 알아보라는 것이었다. (제목까지 포함해 여성들의 말을 그대로 출판한 빌라드 출판사에 감사드린다.)

그러나 『버자이너 모놀로그』는 과거의 부정적인 태도를 일소시키는 것 이상의 가치를 지닌다. 그것은 미래를 향한, 몸에 기반을 둔 개인적인 행동방식을 제시한다. 나는 남성, 여성을 막론하고 독자들이 이 책에서 그들 자신뿐만 아니라

서로에게 더 자유로워진 것을 느낄 수 있으리라 생각한다. 또 우리들의 육체적인 자아 속에 '말할 수 있는 부분'과 '말할 수 없는 부분'으로 나뉘어 깊이 뿌리박힌, 여성·남성, 육체·정신, 성적·영적인 것 등 가부장제의 이원론에서 벗어나 대안을 모색하게 될 것이라고 생각한다.

만약 '버자이너'라는 말을 제목으로 내건 책이 아직도 철학과 정치학의 질문에서 동떨어져 있다고 느낀다면 내가 뒤늦게 발견한 예를 한 가지 더 들고 싶다.

나는 1970년대 국회도서관에서 공부하던 중 종교건축사에서 모든 사람들이 상식적으로 알고 있는 듯이 기술된 희한한 사실을 발견했다. 그것은 가부장적 종교건물의 구조가 사실상 여성의 성기를 묘사하고 있다는 사실이었다. 외음순과 내음순이 있듯이 모든 교회에는 외부 입구와 내부 입구가 따로 있다. 내부 입구는 자궁으로 이르는 질처럼 중심제단을 향한 복도로 이루어져 있고, 제단 양쪽에는 나팔관 모양의 연단이 있다. 신성한 중심에는 여성의 자궁 같은 제단이 자리 잡고 있는데 그곳이 바로 기적, 즉 출산이 이루어지는 곳이다. 비록 그 기적을 이루는 사람들이 남성신의 대리인인 사제나 목사이긴 하지만.

처음 접하는 새로운 비교였지만, 내게는 마치 반석 위에

샘물이 고인다는 말만큼이나 당연하게 느껴졌다. 교회나 성당이 여성의 생명창조 비밀을 남성의 상징적 출산으로 대치시킨 것이다. 남성인 목사나 신부 들은 당연히, 우리 인간이 여성에게서 태어난 원죄를 안고 세상에 나온다고 주장하고, 우리 인간이 구원받을 수 있는 길은 오로지 가부장적 질서에 복종하고 남성종교를 통해 새로 태어나야만 한다고 강조한다. 목사나 신부 들이 치마와 같은 긴 사제복을 입고 우리의 머리에 양수를 모방한 물로 세례를 주고 새 이름을 주며 영생의 부활을 약속하는 것도 그래서 당연하다. 생명창조의 힘을 지니고 있는 여성들을 제단에 오르지 못하도록, 목사나 사제가 되지 못하도록 통제하는 것도 그래서 당연하다. 상징적이든 실제적이든, 교회에서 이루어지는 이 모든 것들이 여성의 육체가 담고 있는 힘을 통제하기 위한 것이다.

그후로 나는 가부장적 종교건물에 들어설 때 옛날과 같은 소외감을 결코 느끼지 않는다. 대신 나는 질의 복도를 걸어 들어가며 남성은 물론 여성을 포함한 사제들과 함께 제단을 되찾는 꿈을 꾼다. 그 사제들은 남성만의 창조신화를 보편화하기 위해 여성의 섹슈얼리티를 폄훼하지 않고, 영적인 말과 상징 들을 다양화하고, 살아 있는 모든 만물에 신의 정신을 회복시킬 것이다.

5000년의 역사를 지닌 가부장제의 전통을 뒤집는다는 것이 너무나 엄청난 주문이라고 느껴진다면 그저 그 과정에서 우리 자신에게 눈을 돌려 우리의 몸이 신성한 존재라는 것을 깨닫고 이를 누리는 데 집중하자.

나는 어린 소녀들이 공책에 하트를 그리고, 심지어 하트에 '나'라고 써넣는 것을 보고 '아이들마저 이 원시적인 모양이 제 몸을 닮았기 때문에 자석처럼 끌리는 것일까?' 하고 생각했다. 나는 9세에서 16세 사이의 다양한 소녀들 20여 명이 모여서 버자이너, 클리토리스, 라비아 같은 말을 모두 함축할 수 있는 집합어를 찾기로 했을 때 이 생각을 다시 했다. 한참을 떠들던 이 소녀들이 가장 좋아했던 말은 '힘 보따리 power bundle'였다. 더욱 중요한 것은 이 토론이 왁자한 웃음과 고함 속에서 이루어졌다는 것이다. 나는 생각했다. '거기, 아래'라고 소리 죽여 말했던 때로부터 얼마나 멀리 온 축복의 길인가 하고.

나는 나의 할머니들도 자신들의 몸이 신성하다는 것을 알았기를 바란다. 이 책에 담긴 용감하고 정직한 목소리와 말의 힘으로 할머니, 어머니 그리고 미래의 딸 들이 그들 자신을 치유하고, 나아가 세상을 치유할 것을 믿는다.

| 들어가는 말 |

"보지."

세상에, 내가 그걸 말했네요.

"보지."

또 말했네요.

난 지난 3년 동안 이 말을 수도 없이 했습니다. 난 그걸 극장에서, 대학에서, 거실에서, 카페에서, 저녁파티에서, 전국을 돌아다니며 라디오에서 말했습니다. 만약 기회가 된다면 텔레비전에 나가서도 그 말을 할 겁니다. 공연을 할 때는 하루 저녁에 128번씩 했습니다. 내가 모노드라마로 공연한 〈버자이너 모놀로그〉는 각계각층의 여성 200여 명에게 들은 그들의 보지 이야기를 토대로 한 작품입니다. 심지어 잠꼬대를 할 정도였습니다. 내가 그 말을 하는 것은 그 말이 입에 올려서는 안 되는 말이기 때문입니다. 내가 그 말을 하는 것은 그것이 보이지 않는 말이기 때문입니다. 그 말이 사람들에게 불안감과 어색함, 경멸감, 혐오감을 불러일으키는 말이기 때문입니다.

말하지 않으면 우리는 그것을 보지 못하고, 인정하지 못하고, 기억하지도 못합니다. 우리가 말하지 않으면 그것은 비밀이 됩니다. 비밀은 부끄러운 것이 되고 두려움과 잘못된 신화가 되기 쉽습니다. 나는 언젠가 그것을 말하는 것이 부끄럽거나 죄스러운 일이라고 느끼지 않아도 되는 때가 오기를 바라기 때문에 입 밖에 내어 말하기로 했습니다.

나는 우리가 아직 우리 몸의 그 부분을 모두 포함하면서 전체를 일컫는 올바른 단어를 찾지 못했기 때문에 그 말을 하는 것입니다. '푸시 pussy, 보지의 비어'가 어쩌면 더 적절한 말일지도 모릅니다. 그러나 그 말에는 부정적 잔재가 너무 많습니다. 더구나 대부분의 여성들이 '푸시'라고 말할 때 그것이 무엇을 의미하는지 정확하게 알지 못한다고 생각합니다. '음문 vulva'도 좋은 말입니다. 그것은 더 구체적으로 말하는 이점은 있지만 많은 사람들이 '음문'이 어떤 부분을 포함하고 있는지 제대로 모릅니다.

내가 '보지'라고 소리내어 말하기 시작했을 때 나는 내가 얼마나 분열되어 있었는지, 내 몸과 마음이 서로 얼마나 떨어져 있었는지를 깨달았기 때문에 그것을 소리내어 말합니다. 나에게 보지는 멀리 떨어져 있는 무엇입니다. 나는 그 안에 살지도 않고 심지어 내 몸 안의 그것을 만나지도 않습니다. 나는 엄마 노릇 친구 노릇 하느라, 일하고 글쓰느라 너무 바쁩니다. 나는 내 보지가 나의 주된 자원이며, 나를 나이게 하는 것이고, 웃음과 창조의 원천이라고 생각하지도 못했습니다. 그것은 두려움에 가득 차 거기 있습니다.

나는 어린 소녀 시절 강간을 당한 경험이 있습니다. 어른이 된 후에 보지에 행해지는 모든 것을 경험해보았지만, 나는 내가 강간당한 이후 결코 단 한 번도 진정으로 내 안으로 들어가보지 못했습니다. 나는 지금까지 내 존재의 동력이며 나의 중심이고 제2의 심장인 그것 없이 살아온 것입니다.

나는 사람들이 '보지'에 대해 반응하기를 바라기 때문에 그것에 대해 말하기 시작했습니다. 정말로 많은 사람들이 반응을 보여줬습니다. 그러나 〈버자이너 모놀로그〉 공연에 대해 말할 때 사람들은 어떤 형태로든 이 말에 검열을 시도합니다. 신문광고에서, 백화점에서 팔리는 티켓에서, 극장

앞에 걸려 있는 현수막에서, 심지어 예매 안내 전화에서도 '모놀로그' '브이 모놀로그'라고만 표현됩니다.

"도대체 왜 그러세요?"라고 물었습니다. "'보지'는 음란어도 아니고 단순히 '팔꿈치'나 '손' 또는 '갈비뼈'처럼 우리 몸의 한 부분을 지칭하는 말일 뿐이에요."

사람들은 대답합니다. "음란어는 아닐지라도 입 밖에 내기에는 좀 그렇잖아요. 어린 딸들이 들으면 어떻게 해요?"

"그애에게 너도 보지가 있다고 말해주면 되지요." 그리고 덧붙였습니다. "그애들이 아직 모르고 있다면 새로 가르쳐주면 되는 거예요."

"그렇지만 우리는 애들에게 보지를 보지라고 가르치지 않아요." 그들이 말했습니다.

"그럼 뭐라고 그러는데요?" 내가 물었습니다.

그러면 '푸키' '푸치' '쉬야' '짬지'…… 보지만 아닌 온갖 것들이 끊임없이 나열되지요.

나는 '보지'를 보지라고 말합니다. 왜냐하면 여성의 보지에 대해 온갖 나쁜 일들이 자행되고 있다는 통계를 접하기 때문입니다. 미국에서는 해마다 50만 명의 여성들이 강간을 당하고 있습니다. 전세계적으로 1억 이상의 여성들이 음핵 절제를 당했습니다. 나는 보지에 행해지는 그런 불행한 일들이 멈추기를 바라기 때문에 '보지'에 대해서 이야기합니다. 불행이 계속되고 있다는 것을 인식해야만 종식될 수 있다는 것을 나는 압니다. 이를 가능하게 하는 유일한 길은 여성 스스로 처벌이나 응징에 대한 두려움 없이 말하는 것입니다.

'보지'에 대해서 입 밖에 내어 말한다는 것은 두려운 일입니다. 맨 처음 당신이 그 말을 할 때 당신은 마치 보이지 않는 벽을 단번에 뚫고 지나가는 듯한 느낌을 가질 것입니다. "보지." 당신은 마치 누군가 당신을 후려칠 것 같은 죄책감과 함께 잘못을 저지른 것 같은 느낌을 가집니다.

그러나 당신이 그 말을 수백 번 혹은 수천 번 말한 다음에는 오히려 그것은 당신의 말이고 당신의 몸의 한 부분일 뿐만 아니라 당신의 가장 핵심적인 부분을 의미한다는 것을 깨달을 것입니다. 당신은 갑자기 깨달을 것입니다. 당신이 그전에 느꼈던 당황스러움이나 수치심 같은 것은 당신의 욕망을 잠재우고 당신의 야망을 지우기 위한 억압이었다는 것을 말입니다.

그러면 당신은 점점 더 그 말을 자주 하게 되고 그 말에 열정과 긴박감을 담아 말하게 될 것입니다. 왜냐하면 당신이 그 말을 더 이상 안 하게 되면 또다시 공포와 두려움에 휩싸

일 테니까요. 그러면 다시 속삭이는 귀엣말로만 그 말을 하게 될 테니까요. 그래서 당신은 어느 자리에서나 누구하고나 그 말을 하게 될 겁니다.

당신은 당신의 보지에 대해서 흥분을 느낍니다. 당신은 그것에 대해 공부하고, 탐험하고, 당신 자신을 소개하고, 거기에 귀 기울이는 법, 기쁘게 하는 법, 건강하고 지혜롭고 강하게 만드는 법을 알고 싶어합니다. 당신은 자신을 만족시키는 법을 배우게 되고 당신의 연인에게 당신을 만족시키는 법을 가르치게 됩니다.

당신은 당신이 어디에 있건, 차 안에서나 슈퍼마켓에서나 체육관에서나 사무실에서나, 하루 종일 보지의 존재에 대해 의식합니다. 당신은 언제나 당신의 양다리 사이에 있는 소중하고도 매력적인, 그리고 당신에게 생명을 선사하는 당신의 한 부분에 대해서 의식하고, 그것은 당신을 미소 짓게 만들고 자랑스럽게 만듭니다.

더 많은 여성들이 그것에 대해서 말할 때, 그것에 대해서 말하는 것이 점점 더 아무렇지도 않게 되며 그것은 우리의 언어 가운데 하나가 되고 우리 생활의 일부가 됩니다. 여성들의 보지는 우리 삶의 한 부분으로 통합되고 존중받으며 신성해집니다. 그것은 그제야 우리 몸의 일부가 되고 우리의 마음과 통합되며 우리의 영혼을 피우는 기름이 됩니다. 그때에야 수치심이 사라지고 폭력도 멈추게 됩니다. 왜냐하면 보지는 눈에 보이는 엄연한 현실이며, 또한 보지를 말할 수 있는 힘 있고 지혜로운 여성들과 연결되어 있기 때문입니다.

  우리는 거대한 여정을 앞두고 있습니다.

  이제 그 여정이 시작됩니다. 이곳은 우리의 보지에 대해서 생각하고, 다른 여성들의 보지에 대해서 배우고, 그들의 이야기와 인터뷰를 듣고, 물어보고, 대답할 수 있는 곳입니다. 이곳은 잘못된 신화와 수치심, 두려움, 공포를 벗어던지는 곳입니다. 여기에서 당신은 이 말을 입 밖으로 말해보는 연습을 할 수 있습니다. 왜냐하면 그 말이 우리를 나아가게 하고 자유롭게 만들 수 있기 때문입니다.

  "보지."

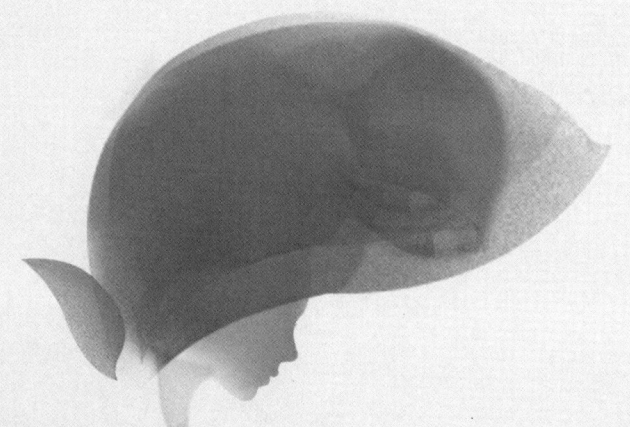

버자이너 모놀로그
THE VAGINA MONOLOGUES

난 여러분이 걱정했다는 것을 압니다. 나도 그랬습니다. 그게 바로 이 연극을 시작한 이유니까요. 나는 보지에 대해서 걱정했고, 그리고 여성들이 보지에 대해서 잘못 알고 있는 것 때문에 걱정했습니다. 그렇지만 사실은 사람들이 그것에 대해서 아무 생각도 안 하고 있다는 것이 더 걱정스러웠습니다. 나는 나 자신의 보지에 대해서 걱정했습니다.

그것은 다른 보지와의 공동체 의식, 이를테면 보지 문화가 필요했기 때문입니다. 보지는 너무도 많은 어둠과 정적, 비밀에 둘러싸여 마치 버뮤다 삼각지처럼 아무도 통신을 보내오지 않습니다.

사실을 말하자면 그건 찾기부터가 힘듭니다. 자기의 보지가 어디 있는지 정확하게 알고 있는 여성은 그리 많지 않습니다. 많은 여성들이 몇 주 혹은 몇 달, 심지어는 몇 년 동안이나 들여다보지도 않고 까맣게 그 존재를 잊어버립니다.

내가 만난 한 여성 사업가는 자기는 너무 바빠서 시간이 없다고 말하더군요. 자신의 보지를 들여다본다는 것은 하루를 꼬박 투자해야 하는 일이라는 거죠. 작은 손거울이 아니라 저 혼자 서 있을 수 있는 커다란 거울을 앞에 놓고 바닥에 누워서 다리 사이를 거울에 비춰봐야만 볼 수 있기 때문에 보통 일이 아니라는 겁니다. 더구나 조명도 완벽하고 또 몸의 자세와 각도도 정확해야지, 여차하면 거울 때문에 그늘이 져서 아무것도 볼 수 없답니다. 모든 것이 제대로 갖춰져 있다 해도 자신의 자세를 보면 온몸이 뒤틀려서 트위스트 춤이라도 추는 꼴이죠. 머리는 잔뜩 구부리고 등은 휘어서 끊어질 듯 아픕니다. 드디어 제대로 보일 때쯤 되면 그때는 이미 지쳐버리고 말 것이라네요. 그녀는 그렇게 시간을 투자할 수 없다고 말하더군요. 너무 바빠서 말입니다.

그래서 나는 여성들에게 그들의 보지에 대한 이야기를 듣기로 했습니다. 보지 인터뷰를 하기로 한 것이죠. 그것이 연극 〈버자이너 모놀로그〉가 된 것입니다. 약 200명의 여성들과 인터뷰를 했는데 나이 든 여성에서부터 기혼여성, 독신여성, 레즈비언, 대학교수, 배우, 회사원, 성매매여성, 흑인여성, 남미여성, 아시아여성, 인디언여성, 백인여성, 유대인여성 등 다양한 여성들이었습니다.

처음에는 거의 모든 여성들이 말하기를 꺼렸습니다. 남부끄러웠던 거죠. 그러나 한번 말문이 트이면 도저히 막을 수가 없었습니다. 사실 여자들은 비밀스럽게 그들의 보지에 대해서 이야기하기를 즐긴답니다. 한번 시작하면 모두 흥분에 들떠서 이야기를 하는데, 그때까지 아무도 그들에게 보지에 관해서 물어본 적이 없기 때문이랍니다.

우선 '보지'라는 이름부터 시작해봅시다. 그것은 잘해봐야 전염병이나 의료기구 이름처럼 들립니다. "간호원, 보지 하나 빨리 줘요." "보지." "보지." 아무리 여러 번 반복해봐도 도저히 당신이 표현하고 느끼는 그것과는 거리가 먼 어떤 다른 것의 이름인 것만 같습니다. 어찌보면 완전히 난센스처럼 느껴질 정도로 보지라는 이름은 전혀 섹시하지 않습니다. 만약 당신이 연인과 섹스하는 중에 정치적으로 올바르게 표현한답시고 "자기야, 내 보지 좀 토닥거려줄래?"라고 말한다면 아마 그의 움직임이 당장 멈춰버릴 것입니다.

나는 우리가 보지에 붙이는 이름 때문에 걱정스럽고, 또 아무도 그 이름을 말하지 않아서 걱정스럽습니다.

그레이트넥에서는 푸시캣이라고 부른답니다. 한 여성은 자신의 어머니가 언제나 "아가야, 푸시캣도 바람을 쐬어야 하니까 잠옷 속에는 팬티를 입지 마라" 하고 말했다더군요. 웨스트체스터에서는 푸키, 뉴저지에서는 트왯이라고 불립니다. 파우더박스, 푸치, 데리에, 푸피, 피피, 푸피루, 푸나니, 팔, 피치, 토디, 디디, 니시, 디그니티, 몽키 박스, 쿠치 스노처, 쿠터, 래비, 글래디스 지글먼, 브이에이, 위위, 말구멍, 내피 덕아웃, 몽고, 파자마, 파니부, 마시멜로, 타말, 굴리, 파서블, 토티타, 코니, 마이애미에서는 미미, 필라델피아에서는 스플릿 니시, 브롱스에서는 슈망드.

이러니 내가 걱정 안 하게 생겼습니까?

 어떤 독백들은 인터뷰를 그대로 실은 것이고, 어떤 것들은 여러 사람의 말을 짜깁기한 것입니다. 어떤 이들과는 인터뷰를 시작만 해놓고 그냥 함께 재미있는 시간을 보낸 경우도 있습니다. 이 독백은 거의 내가 들은 그대로입니다. 그러나 인터뷰마다 같은 주제였지만 주인공들은 그걸 주제로 삼는다는 데 두려움을 보였습니다.

음모

 거기 있는 털, 그걸 음모라고 그러나, 그걸 좋아하지 않으면 거기도 사랑할 수 없어. 대부분의 사람들이 다 거기 있는 털을 좋아하지 않아. 내 전 남편은, 남편이라고는 그 사람밖에 없었지만, 내 털을 혐오했어. 그게 비비 꼬여 있어서 더럽다고 하더군. 그래서 거기 있는 털을 밀 수밖에 없었지. 남자들 수염 깎듯이 나도 거기 털을 밀어버려야 했어. 어떡해? 싫다는데!

 털을 밀어버리니까 우습더라고. 맨숭맨숭한 언덕배기 같은 것이 꼭 어린 계집아이의 거시기 같았지. 그런데 그게 그 남자를 흥분시키나봐. 우리가 섹스를 할 때 내 보지는, 아마 남자들 턱수염을 비벼대는 것 같았을 거야. 자기가 비벼대기는 좋았을지 몰라도 난 끔찍하게 아팠어. 꼭 모기에 물린 곳을 긁어대는 꼴이었지. 불이 나는 것처럼 화끈화끈거렸어. 섹스를 하고 난 후면 여기저기 빨갛게 부풀어올랐지.

그래서 난 거기 털을 밀어버리기를 거부했어. 그러니까 그 남자가 다른 여자하고 바람을 피더구먼. 부부상담소까지 가서는 이러는 거야. 내가 자기를 성적으로 만족시키지 못해서 바람을 폈다고. 나는 다시는 털을 면도하고 싶지 않았어. 상담원은 강한 독일어 억양으로 말했고, 내 말을 이해한다는 걸 알리기 위해 한 문장이 끝날 때마다 헉헉거렸지.

그 상담원은 나한테 왜 남편을 기쁘게 하려고 하지 않냐고 묻더군. 난 그녀에게 그게 미친 짓 같다고 얘기했어. 거기 털이 없으니까 내가 꼭 어린애가 된 기분이고, 말도 어린애처럼 하게 되고, 그곳의 약한 피부는 부풀어올라서 물집이 잡히고, 심지어 칼라민연고를 발라도 낫지를 않았다고 말했지.

그녀는 결혼은 타협이라고 말하더군. 나는 그녀에게 내가 거기의 털을 다시 면도하면 남편이 바람을 피우지 않겠느냐고 묻고 이런 사례가 다른 사람들한테도 있느냐고 물었지. 그랬더니 그런 질문은 문제 해결에 도움이 되지 않는다더군. 그러니 그냥 남편한테 항복하는 수밖에 없다는 것이지. 그렇게 하면 관계는 새로워질 거라고 확신하던걸.

그래서 집에 돌아와서는 그 사람에게 직접 내 거기 털을 면도하라고 했어. 그 사람은 마치 상담소에서 보너스라도 받아온 듯이 내 거기에 있는 털을 밀었어. 욕실에는 핏방울이 떨어졌지만 그 사람은 내 털을 깎는 게 너무 행복해서인지 그 사실도 깨닫지 못하더군. 나중에 그 사람이 내게로 들어올 때 나는 내 부풀어오른 맨살을 그의 날카롭고 딱딱한 물건이 마구 찔러대는 것을 느꼈어. 그 어떤 보호막도 없었어. 솜털 하나도.

그러고서야 깨달았어. 거기 털이 있는 것은 다 이유가 있다고. 그것은 마치 꽃잎 주변에 이파리들이 있는 거나 집 주변에 잔디밭이 있는 것과 마찬가지야. 보지를 사랑하려면 거기에 있는 털도 같이 사랑해야 돼. 그냥 자기가 좋아하는 부분만 골라서 사랑할 수가 없는 거지. 게다가 그 남자는 내 거기 털을 밀었는데도 다시 바람을 피우기 시작했어. 그럼 얘기 끝난 거 아냐?

인터뷰에 응한 모든 여자들한테 같은 질문을 하고 마음에 든 답을 골랐습니다. 그렇지만 내가 사랑하지 않은 대답이 없었다는 사실을 고백해야겠군요. 이렇게 물었습니다.

당신의 보지가 무언가를 입는다면 어떤 것을 입을까?

베레모.
가죽 재킷.
실크 스타킹.
밍크코트.
분홍색 털목도리.
남자 연미복.
청바지.
착 달라붙는 옷.
에메랄드.
이브닝 가운.

반짝이.

아르마니 옷만.

발레용 스커트.

훤히 비치는 검은색 망사 속옷.

무도회 드레스.

세탁기로 빨 수 있는 옷.

베네치아 가면.

자주색 벨벳 파자마.

앙고라.

붉은 나비넥타이.

담비털과 진주.

꽃으로 장식한 챙 넓은 모자.

사자 모자.

실크 기모노.

안경.

땀복.

문신.

낯선 사람들의 접근을 막는 전기쇼크장치.

하이힐.

레이스옷에 전투용 장화.

자주색 깃털과 잔가지와 조개껍데기.

면직물.

앞치마.

비키니.

레인코트.

당신의 보지가 말을 한다면 뭐라고 말할까?

천천히.
당신이야?
날 채워줘.
하고 싶어.
냠냠.
오, 예.
또 하자.
아니 거기, 거기.
핥아줘.
그 속에 그대로 있어요.

자기 용감해.

다시 생각해봐.

더 해줘.

꼭 껴안아줘.

놀자.

멈추지 마.

더, 더.

나 생각나요?

안으로 들어오세요.

아직 아니야.

와아, 엄마야.

그래 그래.

나를 뒤흔들어줘.

들어올 거면 목숨 걸고 들어와.

오, 하느님.

하느님 감사합니다.

나 여기 있어.

시작하자.

날 찾아봐.

고마워.

봉주르.

너무 딱딱해.

포기하지 마.

브라이언 어딨지?

그게 더 낫다.

그래 거기, 거기.

  65세부터 75세 사이의 나이 든 여성들을 인터뷰했습니다. 이 인터뷰는 그 어느 인터뷰보다 통렬했는데 아마도 그 노인들은 한 번도 보지 인터뷰를 해보지 못했기 때문인 것 같습니다. 불행하게도 그들 대부분이 자신들의 보지와 어떤 관련도 맺지 못하는 사람들이었습니다. 내가 페미니스트운동이 시작된 이후에 태어났다는 게 천만다행이었습니다.

  72세의 한 노인은 일생 동안 단 한 번도 자신의 보지를 들여다보지 못했습니다. 그녀는 목욕할 때만 씻기 위해서 무의식적으로 비누칠을 했지, 자신이 보지를 만진다는 사실도 결코 의식하지 못했고 오르가슴이 무엇인지도 몰랐습니다.

72세가 된 어느 날 그녀는 심리치료사에게 갔고 치료사의 격려에 힘입어 자신의 보지를 찾아야겠다고 결심했습니다. 그래서 집에 돌아와 욕실에 촛불을 켜놓고 감미로운 음악을 틀어놓았습니다. 그리고 옷을 다 벗은 다음 욕조에 들어가 자신의 보지를 발견했습니다. 나이가 많이 들어 관절염으로 고생하고 있었기 때문에 그녀는 보지를 찾는 데 한 시간이나 걸렸다고 말했습니다.

마침내 자신의 클리토리스가 어디에 있는지 찾아내고는 울었다고 말하더군요. 이 독백은 그녀를 위한 것입니다.

홍수

| 뉴욕 퀸즈 억양의 유대여성 |

 아래, 거기? 난 1953년 이래 그 아래로 가본 적이 없어. 아니 아이젠하워 대통령하고는 아무 상관도 없고. 그냥 그건 저 아래 있는 창고나 마찬가지지 뭐. 거기는 아주 습하고 끈적거려서 아무도 거기 내려가고 싶어하지 않아. 정말이라니까. 끔찍해. 숨이 막힐 지경이라구. 토할 것만 같아. 그 끈끈한 곰팡내라니, 지독해. 휴! 냄새가 너무 끔찍해. 아무도 못 참아. 옷에도 밴다니까.

 아니 거기서 무슨 불이 났거나 폭발사고가 있었거나 뭐 그런 건 아니고, 그냥 내 말은 그렇게 드라마틱한 일은 아니라는 거지……. 글쎄, 뭐랄까 그냥, 아유, 그만두자구, 그만

둬. 난 그 얘기 못 해. 아니 당신같이 똑똑한 여자가 왜 늙은 이한테 그 아래 얘기를 하라고 그래? 우리 젊었을 때는 그런 거 안 했어. 뭐라구? 맙소사, 요즘 젊은 사람들은 못 말린다니까. 그래 알았어. 알았다니까!

남자가 있었는데, 앤디 레프트코프라고. 잘생겼지, 아니 잘생겼다고 생각했지, 내가. 키도 크고…… 참 좋아했어. 그런데 그 남자가 나한테 드라이브 가자면서 데이트 신청을 했어…….

아이구, 말 못 하겠어. 못 한다니까. 어떻게 아래 얘기를 해? 그냥 다 알잖아, 거기 있는 거. 지하 창고처럼, 가끔 덜커덕거리며 이런저런 소동이 벌어지기도 하지. 파이프 소리도 들리고, 쥐 같은 것들도 있고, 물이 고이기도 하지. 어떤 때는 수리공이 와서 물 새는 곳을 고치기도 하지. 그렇지만 대부분 거기 문은 잠겨 있어. 그냥 잊어버리고 살지. 내 말은 거기도 집의 일부이긴 하지만 평소에는 자주 들어가지도 않고 생각하지도 않아. 볼일이 없는 거지. 집집마다 창고가 필요하긴 하지만 언제나 거기 있으니까 잊어먹고 사는 거지 뭐, 그냥. 안 그러면 침실이 지하층에 있어야 되게?

아, 앤디? 앤디 레프트코프. 맞아. 앤디는 정말 잘생겼었지. 여자들이 줄줄 따랐어. 시쳇말로 킹카였지. 그의 차 안에 같이 있었어. 셰비 벨에어, 신형이었어. 내 다리가 길어서 좌석이 너무 좁았던 게 생각나. 내가 롱다리였거든. 다리가 운전대 옆 보드에 마구 부딪혔지. 그가 마치 "영화 속의 연인들처럼 날 좀 어떻게 해줘" 하는 식으로 키스했을 때 나는 커다란 내 무릎만 바라보고 있었어.

난 흥분했어. 너무 흥분했지, 그런데, 음, 그 아래에 홍수가 났어. 어떻게 해볼 도리가 없더라구. 어찌할 수 없는 열정의 파도처럼 생명의 강물이 내 안에서 범람하고 그게 내 팬티를 통과해서 그의 신형 셰비 벨에어의 시트까지 다 적시는 거야. 오줌이 아니라니까. 그래, 솔직하게, 냄새도 났지. 나는 사실 아무 냄새도 못 맡았는데 앤디가 그러더라구. 우유 상한 것 같은 냄새가 나고 자기 차 시트를 버려놨다고.

나더러 "역겨운 냄새가 나는 이상한 계집"이라고 말하더군. 나는 그의 키스가 내 안의 둑을 허물어버려서 그렇다고, 평소에는 그렇지 않다고 설명하고 싶었어. 그리고 시트의 얼룩을 닦으려고 내 치마를 문질러댔지. 그건 연노란색 새 드레스였는데 홍수가 져서 생긴 얼룩 때문에 엉망이 되었어. 앤디는 나를 집에 데려다주는 동안 한 마디도 안 했어.

내가 차에서 내리고 문을 닫았을 때 앤디와의 관계는 물론 내 아래 거기도 폐업한 거지. 다시는 거기하고 볼일이 없게 되었으니까. 물론 그후에도 다른 남자들과 몇 번 데이트를 하긴 했지만 홍수 지는 게 무서워서 거기 근처에는 얼씬도 안 했어.

그러니까 꿈을 꾸더라구. 멍청한 망상이지. 꿈은 현실이 아니잖아. 응? 버트 레이놀즈. 왜 그랬는지는 나도 모르겠어. 현실에선 그 남자하고 아무 상관도 없는데 꿈속에선 항상 버트 레이놀즈란 말이야. 언제나 똑같은 꿈인데, 데이트를 나가지, 버트하고 나하고 둘이. 애틀랜틱시티의 무슨 화려한 레스토랑 같은 덴데 대형 샹들리에가 있고 조끼를 입은 수천 명의 웨이터들이 시중을 드는 그런 데야. 버트는 나에게 꽃으로 만든 코르사주를 선물하고 나는 그걸 가슴에 꽂고 우리는 함께 웃어. 그리고 같이 슈림프 칵테일을 먹어. 커다란 왕새우 말야, 근사하고도 멋있는. 그리고 즐겁게 웃지. 우리는 너무 행복해. 그러다 그는 내 눈을 다정한 눈길로 들여다보며 식당 한가운데서 나를 끌어다 키스를 하려고 해.

그 순간 지진이 난 것처럼 식당이 흔들리고 비둘기들이 식탁 아래서 막 날아올라. 난 그 비둘기들이 거기서 왜 날아오르는지 모르겠지만. 어쨌든 그러더니 그 아래에 다시 홍수가 지는 거야. 계속 펑펑 쏟아져서 식당 전체가 물에 잠기고 물고기도 다니고 작은 배도 떠다니고. 내 홍수에 무릎까지 빠진 버트는 또 저질렀구나 하는 듯이 끔찍한 얼굴로 나를 쳐다보고 옆에 있는 딘 마틴 같은 자기 친구들을 쳐다봐. 그런 사람들이 연미복과 이브닝드레스를 입은 채 우리 옆을 헤엄쳐 지나가.

이제는 그런 꿈도 안 꿔. 거기 아래랑 관계된 걸 다 들어낸 다음에는. 자궁을 다 들어내는 수술을 받았거든. 의사는 농담한다고 했을 거야. "아래를 사용하지 않으면 잃어버리게 된다"라고 말하더군. 사실은 자궁암에 걸린 걸 알았어. 거기 있는 걸 다, 자궁에 나팔관까지 주변에 있는 걸 모조리 들어내야 한다더군. 있어도 소용도 없잖아? 안 그래? 너무 과대평가를 받은 거지. 난 다른 할 일도 많아. 골동품을 팔아서 먹고 살아. 애완견 박람회도 얼마나 좋아한다구.

거기가 뭘 입을 것 같냐구? 별소릴 다 듣겠네? 무슨 옷을 입느냐구? 커다랗게 팻말을 붙여놓겠지.

'홍수로 문 닫음'.

무슨 말을 할 것 같냐구? 내가 말했잖아. 사람처럼 말을 하는 게 아니라니까. 오래전에 말 건네기를 멈춰버렸다니까. 그건 어떤 장소지 물건이 아니야. 장소인데 당신이 가지 않는 그런 곳이지. 집 안에 닫혀 있는 그런 곳이야. 저 아래.

됐어? 그래도 내게 말을 하게 만들었네. 당신이 늙은이한테 그 아래 얘기를 하게 만들었다구. 이제 속 시원해?

 (등 돌리고 가다가 다시 돌아와서)

 이런 이야기, 나 처음으로 해본 거야. 그런데 기분이 훨씬 좋네.

보지에 관한 사실, 하나

1593년 마녀재판에서 기혼남성인 한 법관이 처음으로 클리토리스를 발견했다. 그는 그것을 '악마의 젖꼭지'라고 이름 붙이고 마녀의 유죄 증거로 사용했다. 법관은 '그것은 젖꼭지처럼 튀어나온 0.5인치 길이의 살덩어리로, 첫눈에는 알아볼 수 없게 은밀한 부분과 연결되어 있지만 종국에는 너무나도 이상하게 자신의 존재를 숨기지 않고 드러낸다'고 말하며 마녀로 기소된 여성의 그것을 지나가는 사람들에게까지 다 보여줬다. 구경꾼들은 그런 것을 본 일이 없었고, 그녀는 마녀로 확정 판결을 받아 처형됐다.

—『잘못된 신화와 비밀에 대한 여성백과사전』에서

  많은 여성들에게 생리에 대해 물었습니다. 여성들은 놀라운 공통점을 드러내며 피의 합창을 했습니다. 그들은 서로서로 메아리치듯이 같은 말을 되풀이했습니다. 마치 피가 서로 스며들듯, 나는 그들의 목소리에 스며들었습니다. 나는 그 핏속에서 사라져버렸습니다.

나는 열두 살,
엄마가 내 뺨을 때렸어

일곱 살, 초등학교 이학년 때였어. 오빠가 피리어드period, 마침표라는 뜻. 월경주기라는 뜻으로도 쓰인다에 대해 얘기하고 있었는데, 오빠가 낄낄거리는 폼이 왠지 기분 나빴어.

엄마에게 가서 물었어. "엄마, 피리어드가 뭐야?" 엄마가 말했어. "마침표지, 문장이 끝나면 찍는 거."

아빠는 카드를 사왔어. "더 이상 꼬마가 아닌 나의 꼬마 딸에게."

끔찍했어. 엄마는 두꺼운 천 기저귀를 보여줬어. 피가 묻은 것은 부엌 개수대 아래 통 속에 깊숙이 넣어야 했어.

열세 살, 내 성적은 하위권이었던 걸로 기억해.

우리는 모두 그걸 기다렸어.

나는 너무 겁이 났어. 피가 묻은 천을 갈색 종이에 싸서 지붕 밑 어두운 창고에 넣어두기 시작했지.

중학교 이학년, 엄마는 말했어. "오, 괜찮아."

중학생, 피를 미리 예고라도 하듯이, 갈색기가 있는 분비물이 나왔어. 그건 내 겨드랑이에 돋아난 몇 개의 털과 같이 왔어. 그것도 한쪽 겨드랑이에만 먼저 나고 다른 쪽은 아무것도 안 났어.

열여섯 살, 나는 겁이 났어.

엄마는 내게 진통제를 주었어. 나는 이층침대의 아래칸에 누웠고 엄마는 왠지 모르지만 불안하고 불편해 보였어.

어느 날 밤 나는 집으로 돌아와 아무 말도 안 하고 그냥 내 방에 들어가 이불을 뒤집어쓰고 누웠어. 방에 불도 켜지 않은 채 말이야. 엄마는 내가 사용한 생리대를 보고는 말없이 요 밑으로 감췄어.

열두 살이었어. 잠옷을 입은 채였고 옷도 갈아입지 않았는데, 방바닥에 그게 떨어져 있더군.
 핏방울 말이야.

 중학교 일학년이었어. 엄마는 내 팬티를 검사했어. 그러고는 비닐 기저귀를 주었어.
 "너도 이젠 생리대를 써야겠구나." 엄마는 따뜻한 목소리로 말했어.

 내 친구 마르시아는 그게 나오니까 온 식구들과 축하파티를 했대. 식구들이 모두 함께 나가서 맛있는 저녁을 사먹은 거야.
 우리는 무서워하면서도 모두 그게 나오기를 기다렸어.
 언제 올지 모르지만 당장 나왔으면 했지.
 엄마는 그걸 '손님'이라고 말했어.

 열세 살이었어. 생리대가 나오기 전이었지. 때가 되면 옷에 그게 묻지 않을까 신경을 곤두세우고 다녀야 했지. 난 가난한 흑인이었어. 교회에 갔는데 옷에 피가 묻어 있었지. 눈에 띄진 않았지만 죄를 저지른 것 같았어.

열 살 반이었어. 아무 생각도 없었는데 화장실에 가보니까 팬티에 갈색 덩어리가 뭉쳐 있더군.

친구가 탐폰을 끼우는 걸 가르쳐줬어. 그런데 그건 그 속으로 반도 안 들어가더군. 난 그게 올 때면 미리 알게 됐어. 엄마는 내가 천을 사용해야만 한다고 했어. 엄마는 절대로 탐폰을 쓰지 말라고 그랬어. 그 꿀단지 안에 아무것도 집어넣으면 안 된다는 거야.

"천 기저귀를 사용하렴." 엄마가 말했지. 엄마는 나에게 엘리자베스 테일러 종이인형을 사주었어.

열다섯 살. "마젤 토브Mazel tov, 축하한다는 뜻의 유대어"라고 말하며 엄마가 내 뺨을 때렸어. 난 혼란스러웠어. 그게 좋은 건지 나쁜 건지도 몰랐어.

생리 중 내 피는 마치 굽기 전 케이크 반죽 같았어. 인디언들은 그게 오면 닷새 동안 이끼 위에 앉아 있는다지. 내가 인디언 소녀였다면 좋았을걸.

열다섯 살, 나는 그것을 가지고 싶어했지. 나는 키가 컸고 계속 자라는 중이었거든. 체육관에서 탐폰을 낀 채 운동하는 백인 소녀들을 보면서 난 그 아이들이 날라리라고 생각했어.

욕실 바닥에 분홍색 방울이 떨어져 있었어. 난 소리쳤지.

"야, 나왔다."

엄마도 좋아했지.

산부인과를 찾았고, 거기에 손가락을 집어넣으면 좋았어.

열한 살, 내 하얀 팬티에 빨간 피가 묻어 나오기 시작했어.

끔찍하다고 생각했지.

난 아직 준비가 안 됐는데.

허리도 너무 아프고.

그런데 기분이 이상해.

열두 살, 난 행복했어. 내 친구한테 위저보드 운명을 점치는 판 가 있었는데, 거기다 그게 언제 나오냐고 물어보았어. 그런데 아래를 내려다보니까 거기 나와 있더라구.

난 이제 여자야.

무서웠어.

기다리면서 매일 얘기해도 정말 그렇게 올 줄은 몰랐거든.

그게 날 온통 바꿔버렸지. 난 말이 없어졌고 어른스러워졌지. 조신하게, 묵묵히 일만 하는 참한 베트남 여인처럼.

아홉 살 반, 나는 죽을 병에 걸려서 피가 나온다고 생각했어. 팬티를 벗어서 구석에 처박아뒀어. 엄마 아빠 걱정은 하고 싶지도 않았어.

엄마는 욕조에 뜨거운 물을 받아주고 와인을 한 잔 주었어. 난 잠이 들었어.

난 엄마 방에서 만화책을 보고 있었어. 엄마는 "인제 만화책은 졸업해야 될걸" 하고 말했어.

내 친구가 나에게 여자는 매달 피를 흘리는 병에 걸린다고 말해줬어.

엄마는 정신병원에 들락거리느라 내가 자라는 데는 신경 쓸 수 없었어.

엄마는 농구 코치에게 편지를 썼어. "칼링 선생님, 우리 딸을 농구팀에서 빼주세요. 그애는 이제 성숙해졌거든요."

합숙훈련을 하는데 친구들이 생리 중에는 목욕을 하지 말라고 그랬어. 친구들은 나를 방부제로 닦아주었지.

나는 사람들이 냄새를 맡을까봐 겁이 났어. 사람들이 나한테서 생선 비린내가 난다고 할까봐 겁이 났지.

토했어. 먹을 수도 없었어.

그래서 배가 고팠어.

어떤 때는 무섭도록 빨갛더라.

나는 화장실 변기에 방울져 떨어지는 것을 좋아했어. 꼭 페인트로 그림을 그리는 것처럼 하얀 타일바닥에 핏방울이 떨어졌어.

어떤 때는 갈색 피가 나왔고 그 짙고 어두운 색깔 때문에 죽을 병에 걸린 건 아닌가 해서 겁이 났어.

열두 살이었어. 엄마는 내 뺨을 후려치고는 빨간 면티셔츠를 갖고 왔어. 아빠는 상그리아를 마시러 나갔어.

다음은 보지 워크숍에 참여했던 여성과의 인터뷰를 바탕으로 씌었습니다.

보지 워크숍

| 약한 영국식 액센트로 |

내 보지는 조개입니다. 핑크빛의 부드럽고 둥근 조개, 열렸다 닫혔다, 다시 열리는. 내 보지는 꽃입니다. 이상한 튤립이죠. 가운데는 날카롭고도 깊숙하죠. 미묘한 향기도 나구요. 꽃잎은 부드러우면서도 튼튼하지요.

내가 처음부터 그런 걸 알았던 건 아니야. 보지 워크숍에서 안 거지. 선생님은 여자의 보지를 믿고 실제로 보고 또 다른 사람의 보지를 봄으로써 자신의 보지를 알게 해줘.

처음에 선생님은 우리에게 각자의 보지를 그리라고 하더군. 선생님이 뭐라고 말했는지 알아? "독특하면서도 아름답고 기막히게 근사한 보지." 그 선생님은 우리가 독특하면서도 아름답고 기막히게 근사한 각자의 보지에 대해서 어떻게 생각하고 있는지 궁금했던 거야.

임신 중인 한 여자는 커다란 붉은 입을 그렸는데 그 입에서는 동전이 쏟아져 나오면서 소리를 지르고 있었어. 또 다른 한 여자는 깡마른 여자였는데 데번셔 패턴의 커다란 접시를 그렸어. 나는 주변에 자글자글 주름이 진 커다란 검은 점을 그렸어. 그 검은 점은 우주의 블랙홀이나 마찬가지고 불규칙한 주름은 사람이나 사물 또는 그곳에서 사라져버리는 기본 원자를 의미할 수도 있지. 나는 내 보지가 진공 상태의 해부학적인 부분으로 주변에서 입자나 물체를 닥치는 대로 받아 삼키는 거라고 생각했거든.

나는 언제나 내 보지를 나와 독립된 별개의 무엇으로 생각했어. 자기만의 은하계를 도는 별처럼, 자신의 기체 에너지로 불타오르거나 아니면 마침내 폭발하여 수천 개의 보지들로 분열되는, 그래서 또다시 자기만의 은하계를 도는 그런 별처럼 생각했어.

난 한 번도 내 보지를 실제적이거나 생물학적인 무엇으로 생각해본 적이 없어. 이를테면 난 내 보지를 내 다리 사이에 붙어 있는 내 몸의 일부라고 생각하지 못한 거지.

워크숍에서 선생님은 우리에게 손거울로 각자 자신의 보지를 보게 했어. 차근차근 살펴본 다음에 모두 자기가 본 것을 소리내어 말하게 했어. 그런데 그제야 그때까지 내 보지에 대한 지식이 모두 들은 소리 아니면 만들어낸 소리라는 것을 깨달았어. 난 정말로 내 거길 한 번도 제대로 보질 못한 거야. 말하면 뭐 해, 그걸 본다는 생각조차 해본 적이 없었는데. 그건 내 몸의 일부지만 어떤 추상적인 공간에 존재해온 거야. 처음엔 거길 본다는 것 자체가 너무나도 우스꽝스럽고 창피하다는 생각이 들었어.

생각해봐. 워크숍에서 여자들이 모두 파란색 매트 위에 누워서 거기에 손거울을 대고 들여다보는 꼴이 얼마나 이상하게 느껴졌겠어. 천문학자들이 원시적인 망원경을 갖고 맨 처음 우주를 관측했을 때 이렇게 이상했을까 하는 생각이 들더군.

처음에 난 내 보지가 대단히 불안정하다는 느낌을 받았어. 꼭 생선 배를 처음 갈랐을 때 얇은 피부 속에서 피범벅이 된 내장과 살로 이루어진 복잡한 또 다른 세상을 발견한 것 같다고나 할까.

그건 너무나도 붉고 생생한 날것의 느낌을 줬어. 무엇보다 나를 놀라게 한 것은 거길 싸고 있는 겹겹의 조직이었어.

그 겹겹의 조직은 한 겹을 헤집고 들어가면 또 다른 겹이 나오고 또 다른 겹이 나오는 식이었어. 그건 마치 스스로 꺼풀을 벗으면서 자꾸만 새로운 장으로 안내하는 신비스러운 이벤트와 같았지. 존재 자체가 이벤트였다는 걸 끝난 뒤에야 깨닫게 되지.

내 보지를 보고 난 놀라고 말았어. 내 차례가 왔을 때 말을 할 수가 없었어. 난 아무 말도 하지 못했지. 워크숍 선생님은 그걸 '보지의 경이'라고 표현하더군. 내가 그 경이에 사로잡혀 말을 못 한다는 거야. 나는 이대로 영원히 매트에 누워 다리를 벌린 채로 내 보지만 들여다보고 싶었어.

그건 그랜드캐년보다 더 경이롭고 원시적이면서도 복잡한 생명력을 지니고 있더군. 그건 마치 잘 가꾼 영국식 정원처럼 순수하면서도 생생했어. 그리고 재미있었어. 너무 재미있어서 웃어버렸지. 그건 숨을 수도 찾을 수도 있고, 열릴 수도 닫힐 수도 있어.

그건 하나의 입이야. 그리고 아침이기도 하지. 나는 순간적으로 깨달았어. 그게 '나'라고. 내 보지가 나 자신이며 그것이 바로 '내' 존재를 의미한다는 것을. 그건 별도의 존재가 아니야. 그건 내 안에 있는 바로 나 자신이었어.

그리고 선생님은 물었어. 워크숍 참가자 중 오르가슴을

경험한 여성이 몇 명이나 되냐고. 두 명이 주저하며 손을 들더군. 나는 손을 들지는 않았지만 오르가슴을 경험하긴 했어. 손 들지 않은 건 내가 경험한 오르가슴이 모두 우연이었거든. 그냥 그게 저절로 일어난 거야. 꿈에서 그걸 경험하고 황홀한 기분에서 깨어나곤 했어. 그리고 또 물속에서도 경험했지. 욕조에서 말이야. 케이프코드에서도 한 번 경험했지. 승마 도중, 자전거를 타다, 운동을 하다 느낀 적도 있어. 내가 오르가슴을 느껴보았으면서도 손을 들지 않은 건 어떻게 해야 오르가슴에 이르는지를 몰랐기 때문이야. 그냥 우연히 경험한 걸 갖고 어떻게 자신 있게 손을 들겠어?

사실 나는 스스로 오르가슴을 느끼려고 노력하거나 애써 본 적이 없었어. 나는 그게 신비스러운 마술 같은 거라고 생각했기 때문에 내가 그 마술에 관여하고 싶지는 않았어. 성이란 자연스러워야 하는데 인위적으로 개입하고 조작하고 만든다는 건 왠지 잘못처럼 느껴졌거든. 그건 꼭 할리우드 영화 같잖아. 오르가슴의 공식이란 있을 수 없다고 생각했지. 신비감이나 마술 같은 경이감이 사라질 거 아냐?

문제는 물론 그 신비한 마술조차 사라진 지 이 년이 넘었다는 데 있지. 나는 그 요술 같은 우연한 오르가슴을 경험한 지가 너무 오래됐거든. 난 모든 게 끝난 것이 아닌가 해서 공포에 질렸어. 내가 워크숍에 참가한 건 그래서였어.

그러자 내가 한편으로 끔찍하게 생각하면서도 다른 한편으로는 비밀스럽게 기다리기도 한 순간이 왔어. 선생님은 우리에게 다시 손거울을 꺼내서 클리토리스가 어디에 있는지 짚어보라고 하더군. 아홉 명의 여자들이 매트 위에 누워서 각자 자신의 그곳, 자신의 중심, 존재 이유의 장소를 찾는 모습을 상상해봐.

왜 그랬는지는 나도 모르겠지만 어쨌든 나는 갑자기 울음을 터뜨렸어. 아마 순전히 부끄럽고 당황스러워서였을 수도 있어. 아마 나는 여자들이 평생 동안 가지고 사는 환상, 생을 소진시키는 그 거대한 환상을 포기해야 한다는 사실을 깨달아서 그랬는지도 몰라. 그 환상은 바로 누군가 다른 사람이 나를 위해서 그 일을 해주어야 한다는 환상이지. 그 환상은 백마를 탄 남자가 나타나 내 삶의 방향을 제시하고 이끌어주면서 나에게 오르가슴까지 선사할 것으로 생각했던 거야.

나는 생의 마술과 신비스러움을 믿으며 비밀스런 삶을 영위해왔어. 매트 위에 누워서 클리토리스를 찾는 이 미친 듯한 워크숍은 너무 리얼해서 감당하기 힘들었어. 난 패닉 상태에 빠졌어. 엄청난 공포가 나를 사로잡았어. 사실 공포와 깨달음이 동시에 찾아왔어. 깨달음은 내가 그때까지 나의 클리토리스 찾기를 피해왔다는 자각이었어. 여성의 오르가슴과 클리토리스에 대한 난리법석을 나는 소비주의적이고 저속한 중산층의 호들갑이라고 경멸해왔어. 그러나 사실, 속으로는 내가 클리토리스가 어디 있는지도 모르는 여자일까봐, 건조하고 폐쇄적이며 죽어 있는, 밥맛 떨어지는, 씁쓸한 불감증에 걸린 여자일까봐 공포에 떨었던 거지.

하느님 맙소사. 나는 거기 누워서 거울을 보면서 나의 클리토리스를 찾고 있었어. 그때 내 머리에 떠오른 건 열 살 때 에메랄드가 박힌 금반지를 호수에서 잃어버렸던 기억이었어. 수도 없이 물속에 들어가 내 손으로 돌, 물고기, 병, 물컹물컹한 것까지 샅샅이 훑으며 찾아도 그 반지만은 찾을 수 없었어. 바로 그 공포감이었어, 못 찾을 것 같은. 나는 내가 벌을 받아야 한다고 생각했어. 애초에 반지를 끼고 수영한 것이 잘못이었거든.

선생님은 숨을 헐떡이고 땀을 흘리며 뒤죽박죽 제정신이 아닌 나를 보고 다가왔어. 나는 말했지. "내 클리토리스를 잃어버렸어요. 사라져버렸다구요. 수영할 때 그걸 끼고 하는 게 아니었는데 잘못했어요."

선생님이 웃더군. 그녀는 가만히 내 이마를 톡톡 건드리며 말했어. 클리토리스는 잃어버릴 수 있는 그런 게 아니라고. 그건 나 자신이라고. 내 존재의 본질이라고. 그건 내 집으로 들어오는 현관의 초인종이면서 동시에 내 집이라고.

내가 그걸 찾는 것이 아니라 내가 바로 그거라는 거야. 내 클리토리스가 되는 것. 보지가 되는 것. 보지가 되는 것이지.

나는 누워서 다시 눈을 감았어. 나는 거울을 내려놓고 나 자신이 부유하는 것을 지켜보았어. 다시 내게 접근해 내 안으로 들어가는 것을 천천히 지켜봤어. 마치 우주비행사가 우주 속으로 유영해 들어가는 것 같았어. 다시 들어가는 건 매우 조용하게 이루어졌어. 조용하고 부드럽게 말이야. 내 몸은 솟아올랐다가 다시 내려앉았고, 내려앉았다간 다시 솟아올랐어. 나는 내 몸의 근육과 피와 세포의 일부분이 되었다고 생각한 순간 내 보지 속으로 미끄러져 들어갔어.

갑자기 모든 것이 아주 쉬워졌고 꼭 맞아떨어졌어. 따뜻하게 온기가 돌았고, 심장이 힘차게 박동하면서 나도 다시 생생하게 살아나며 젊어진 것을 느꼈어. 그리고 눈도 여전히 감은 채로 쳐다보지도 않고 갑자기 나 자신과 일치하는 어떤 곳에 손가락이 닿았어.

처음에는 나를 거기 계속 잡아두게 만드는 약간의 떨림이 있었지. 그리고 그 떨림은 지진으로, 수천 수만 개로 갈라지는 겹겹의 폭발로 이어졌어. 그 지진은 빛과 침묵으로 이루어진 시원의 공간으로 나를 안내했어. 음악과 무지개 빛깔과 순수와 열망으로 가득 찬 새로운 세상을 나에게 열어주었지.

 난 그 새로운 세상과 내가 결합된 것을 느꼈어. 거기 작고 파란 매트 위에 누워 몸부림치며 교접을 불러들인 거지.

 내 보지는 조개, 튤립 그리고 운명. 내가 떠나기 시작할 때 나는 도착하지. 내 보지, 나의 보지, 나 자신.

보지에 관한 사실, 둘

클리토리스는 의도가 순수하다. 그것은 우리의 인체기관 중 순수하게 쾌락만을 위해 생겨난 유일한 기관이다. 클리토리스는 단지 신경의 덩어리일 뿐이다. 정확하게 말하자면 8000개의 신경섬유이다. 그것은 가령 손가락 끝이나 입술, 혀와 같은 우리 인체의 다른 어떤 부분보다도 밀도 높게 뭉쳐 있는 것이다. 심지어 페니스의 신경섬유 개수보다 두 배…… 두 배…… 두 배나 더 많다. 반자동 총을 갖고 있는데 누가 권총을 필요로 할 것인가?

―나탈리 앤지어, 『여자, 그 내밀한 지리학』에서

그가 그것을 보기를 좋아했기 때문에

내가 내 보지를 사랑하게 된 이야기는 이래요. 그건 좀 당황스럽죠. 정치적으로 올바르지 않기 때문이에요. 내 말은, 엔야의 음악이 흐르는 욕실에서, 사해에서 온 소금알갱이들로 목욕을 하면서 내가 여자인 나 자신을 사랑하는 일이 일어났어야 한다는 거죠. 나도 아는 이야기예요. 보지들은 아름답죠. 우리의 자기혐오는 가부장제 문화에서 내면화된 증오와 억압일 뿐이지요. 그건 사실이 아니에요. 보지들이여, 단결하라! 나는 다 알고 있다구요. 이를테면 우리가 뚱뚱한 허벅지가 아름답다고 가르치는 문화에서 자라났다면 우리는 모두 드러누워서 밀크셰이크와 과자를 씹어 삼키며 매일

매일 허벅지살 찌우기에 돌입했을 테죠. 하지만 우리는 그런 문화에서 자라지 못했잖아요. 나는 내 허벅지를 증오했고 내 보지는 더욱 증오했어요. 보지가 믿을 수 없을 만큼 추하다고 생각했거든요. 나는 보지를 본 그 순간부터 그게 없어졌으면 좋겠다고 생각하는 그런 여자 중 하나였지요. 그건 정말 끔찍했어요. 난 그 아래로 내려가는 사람은 누구든 불쌍히 여겼다니까요.

살아남기 위해 나는 내 다리 사이에 다른 무언가가 있다고 가정하기 시작했어요. 나는 가구를 상상했죠. 가벼운 면으로 만든 편안한 보료, 작은 벨벳 등받이 의자, 호피무늬 양탄자를 말이에요. 아니면 실크 손수건이나 손으로 누빈 냄비받침같이 예쁜 것들. 또는 수정처럼 투명한 호수나 아일랜드의 습기 찬 수렁처럼 작은 풍경들. 나는 여기에 너무 익숙해져버려서 내가 보지를 갖고 있다는 사실조차 잊어버렸어요. 남자와 섹스를 할 때마다 내 안에 있는 그를 밍크털이 달린 머플러나 빨간 장미 아니면 중국 도자기라고 상상했거든요.

그리고 봅을 만났죠. 봅은 내가 만난 남자 중 가장 평범했어요. 날씬하고 키가 크고 카키색 옷을 즐겨 입는다는 것 외에는 달리 묘사할 말이 없다니까요. 양념이 강한 음식을 좋아하지도 않지, 비범한 이야기에 귀를 기울이지도 않지, 섹시한 속옷에도 관심이 없지. 여름이면 그는 그늘에서 시간을 보내곤 했어요. 속에 있는 감정을 나누는 걸 좋아하지도 않았고 문제라곤 하나도 없었고 하물며 알코올중독자도 아니었어요. 웃기지도 않았고 말주변이 뛰어나거나 신비스럽지도 않았죠. 무례하지 않았고 필요로 할 때는 언제나 곁에 있어줬지요. 자기 세계에만 빠져 있다거나 카리스마가 넘치는 스타일도 아니었고, 운전을 빨리 하지도 않았어요. 나는 봅을 특별히 좋아하지는 않았어요. 내가 델리가게 바닥에 떨어뜨린 거스름돈을 그가 주워주지 않았다면 나는 그를 그리워할 이유도 없었을 테죠. 그가 내가 떨어뜨린 동전들을 주워 내게 내밀었을 때 우연히도 그의 손이 나의 손을 스쳤고 무언가가 일어난 거예요. 나는 그와 함께 잤어요. 그리고 그때 기적이 일어났죠.

  봅은 보지를 사랑하는 사람이었던 거예요. 그는 미술품 감정가였어요. 그는 보지의 느낌을 사랑했고 그 맛을 사랑했고 그 냄새를 사랑했어요. 그러나 무엇보다 중요한 것은 그가 보이는 그대로의 생김새를 사랑한다는 것이었어요. 그는 보아야만 했어요. 우리가 처음 섹스를 했을 때 그는 나를 보아야만 한다고 말했어요.

"나 여기 있잖아." 내가 말했어요.

"아니, 당신. 나는 당신을 보아야겠어." 그가 말했죠.

"불을 켜." 내가 말했어요.

난 그가 이상한 사람인 줄 알고 어둠 속에서 기겁을 했거든요. 그가 불을 켰어요. 그리고 말하더군요.

"좋아. 이제야 당신을 볼 준비가 됐어."

"바로 여기." 내가 손을 흔들었어요. "나 여기 있어."

그러자 그가 내 옷을 벗기기 시작하는 거예요.

"뭐하는 거야, 봅?"

"나는 당신을 봐야겠어."

"그러지 마. 그냥 해."

"나는 당신이 어떻게 생겼는지 봐야겠다구."

"그렇지만 이미 빨간색 가죽소파를 봤잖아."

봅은 계속했어요. 그는 멈추지 않았어요. 나는 토할 것 같았고, 죽고 싶었죠.

"이건 끔찍하게 내밀한 거야. 그냥 집어넣을 수 없어?"

"싫어. 이게 바로 당신이야. 난 봐야겠다구." 그가 말했어요.

나는 숨을 들이쉬었어요. 그는 보고 또 보았어요. 숨을 헐떡이고 미소짓고 뚫어져라 쳐다보고 신음을 내뱉었어요. 그리고 숨을 헐떡이더니 얼굴이 변하더라구요. 그는 더 이상

평범해 보이지 않았어요. 마치 굶주린 아름다운 야수와 같았죠.

"당신은 너무 아름다워. 당신은 우아하고 깊고 순결하면서 야성적이야." 그가 말했어요.

"거기서 그런 게 보여?" 내가 말했어요.

그는 마치 내 손금을 보듯이 거기를 봤어요.

"난 그런 걸 봤어. 그리고 더, 훨씬 더 많이 봐." 그가 말했어요.

그는 거의 한 시간 동안을 마치 지도를 공부하듯이, 달을 관찰하듯이 내 눈을 응시하며 내 보지를 쳐다보았어요. 밝은 불빛 아래서 나는 나를 쳐다보는 그를 바라보았어요. 그는 너무도 몰두해 있었지만 동시에 너무도 평화롭고 행복감에 도취되어 보였어요. 나는 젖기 시작했고 흥분되었어요. 나는 그가 나를 보는 방식대로 나 자신을 보기 시작했어요. 나는 나 자신이 위대한 그림이나 폭포수처럼 아름답고 맛있게 느껴졌어요. 봅은 두려워하지 않았어요. 불쾌해하지도 않았죠. 나는 부풀어오르기 시작했고 뿌듯함을 느끼기 시작했어요. 내 보지를 사랑하기 시작한 거예요. 그리고 봅은 내 보지 속에서 길을 잃고 나는 거기 그와 함께 있었고 우린 둘 다 정신을 잃었어요.

  1993년 어느 날 나는 뉴욕 맨해튼의 거리를 걷고 있었습니다. 길거리 신문가판대 옆을 지나다가 『뉴스데이』 표지에 실린 어떤 사진이 나를 사로잡았습니다.

  그것은 '보스니아 강간 캠프'*에서 생존해 나온 6명의 젊은 여자들 사진이었습니다.

---

* 1992~95년 사이 발생한 보스니아-헤르체코비나 전쟁 당시 세르비아계에 점령된 남동쪽 포차에서 학교와 운동 시설, 모텔, 가정집 등에 이른바 '강간 캠프'를 차려놓고 이슬람교도 여성들을 성폭행, 고문하고 노예화하거나 인간성을 모독한 사건이 일어났다. 이에 보스니아 전범처리를 위한 유엔 국제 전범재판소는 전쟁 범죄 및 반인륜죄로 기소된 보스니아 세르비아계 군인 3명에 대해 최고 28년의 징역형을 선고했다. -옮긴이

그들의 얼굴은 충격과 좌절, 분노로 일그러져 있었는데 더 괴로운 것은 그들 각자의 삶에서 달콤하고 상냥하고 순수한 무언가가 파괴되어 영영 사라져버렸다는 느낌이었습니다.

신문 안쪽에도 사진이 있었는데 이번에는 훨씬 더 많은 여성들이 마을로 돌아와 엄마와 만나고 있는 사진이었습니다. 훨씬 더 많은 여성들이었지만 그중 어느 누구도 카메라를 향해 눈을 맞추지 않고 등을 돌리고 있었습니다.

난 내가 그곳에 가야만 한다는 사실을 깨달았습니다. 그 여성들을 만나야만 했으니까요. 1994년 나는 천사 같은 로렌 로이드의 도움으로 크로아티아와 파키스탄에 두 달 동안 머물면서 보스니아 난민 여성들을 만날 수 있었습니다. 난 그 여성들과 같이 지내면서 캠프에서, 카페에서, 난민 센터에서 인터뷰를 했습니다. 그뒤에도 두 번 더 보스니아에 갔다왔습니다.

첫 번째 여행을 마치고 다시 뉴욕으로 돌아왔을 때 난 거의 돌아버릴 지경이었습니다. 1993년 유럽의 한가운데서 2만에서 7만 명의 여성들이 집단 강간을 당했다는 사실, 그리고 아무도 그것을 막지 못했다는 사실, 그것도 전쟁의 한 전략으로 행해졌다는 사실을 받아들일 수가 없었죠. 도저히 이해할 수도 없었고.

한 친구는 내게 뭘 그리 놀라느냐고 반문하더군요. 미국에서는 전쟁 중이 아닌데도 불구하고 해마다 50만 명의 여성들이 강간을 당한다면서 말입니다.

이 이야기는 한 여성의 회상입니다. 나는 이 자리를 빌려 그녀가 나와 이야기를 나눈 것에 대해 감사를 전하고 싶습니다. 내가 그녀의 영혼과 힘에 경외감을 느끼는 것과 마찬가지로, 구 유고슬라비아에서 일어난 끔찍한 전쟁에서 살아남은 모든 여성들에게 경외감과 존경을 느낍니다. 이것은 보스니아의 여성들을 위한 것입니다.

보지는 내 고향

내 보지는 물기 머금은 푸르른 들판이야. 소가 풀을 뜯으며 음메 울고 금빛 햇살이 목동의 어깨 위에 내리쬐이지.

내 두 다리 사이에는 무언가 있어. 난 그게 뭔지도 모르고 어디에 있는지도 몰라. 건드리질 않아. 이제 안 건드려. 더 이상은. 그때 이후로.

내 보지는 수다스러웠어. 참을성도 없고 할 말도 너무 많아서 그래. 그래 무언가 표현하고 싶어하고 말하기를 좋아했지.

꿈을 꾸었어. 검고 굵은 낚싯줄로 내 거기에 죽은 동물의 시체를 꿰매는 꿈을 꾼 이후 모든 것이 끝났어. 그 끔찍한 짐승은 고

약한 냄새를 풍겼지. 목이 따져 있었고 그 목에서 피가 흘러 내 여름 드레스를 다 더럽혔어.

내 보지는 모든 소녀들의 노래를 불렀지. 염소 방울처럼 종소리 같은 노래, 가을 들판 같은 야생의 노래, 보지의 노래, 보지 고향의 노래.

군인들이 내 거기에 길고 두툼한 라이플총을 박은 다음부턴 모든 게 끝났어. 섬뜩하게 차가운 그 쇠막대는 내 심장을 하얗게 지워버렸어. 난 그들이 그 안에서 그냥 총을 쏴버릴지, 아니면 뱅뱅 돌고 있는 내 머릿속까지 드르륵 긁어버릴지 몰랐어. 그들 중 여섯 명, 검은 마스크를 쓴 괴물 같은 의사들도 내 속에다 병을 억지로 계속 밀어넣었어. 막대기를, 빗자루를 쑤셔넣기도 했어.

내 보지는 강물 속을 헤엄쳤어. 햇볕에 달궈진 조약돌 위를, 클리토리스 위를, 흐르는 맑은 물 위를 헤엄쳤지.

레몬이 껍질째 짓이겨지는 소리를 내면서 내 살이 찢겨나가는 소리를 들은 이후, 모든 것이 끝났어. 내 손에 내 보지의 찢어진 살조각이 던져졌어. 내 보지의 한쪽 입술이 떨어져나가고 나서 내 보지는 한쪽뿐이었어. 완전히 사라져버렸어.

내 보지는 물에 잠긴 채 살아 있는 마을이야. 내 보지는 내 고향 마을이야.

그들이 칠 일 동안 번갈아가며 불에 탄 고깃덩어리 같은 똥냄새를 풍겼지. 그들은 내 안에다 더러운 정액을 남겼어. 나는 독과 고름으로 오염된 강물이 되었고 물고기와 수초도 모두 죽어버렸어.

내 보지는 물에 잠긴 채 살아 있는 마을이야.
그들은 우리 마을에 쳐들어와 도살하고 불태워버렸어.
난 다시는 그곳을 건드리지 않아.
찾아가지도 않아. 난 어딘가 다른 곳에서 살고 있어.
그곳이 어딘지는 나도 몰라.

보지에 관한 사실, 셋

19세기까지도 소녀들이 자위행위를 통해 스스로에게 쾌락을 선사하는 행위는 질병으로 간주되었다. 그런 소녀들은 종종 '치료'를 받거나 '교정'을 받았는데, 그 방법은 클리토리스를 절제하거나 뜸을 뜨는 것이었다. 또는 질의 양 입술을 같이 꿰매버려서 클리토리스를 찾을 수 없게 만드는 '신종 정조대'를 채우기도 했다. 심지어 나팔관을 없애버리는 수술을 하는 수도 있었다. 그러나 소년들의 자위행위를 막기 위해 페니스나 고환을 잘라버리거나 수술을 한다는 의료 기록은 아직까지 발견되지 않았다.

미국에서 자위행위를 막기 위해 병원에서 클리토리스 절

제술을 받은 기록은 1948년이 마지막이었으며 그녀는 다섯 살 먹은 소녀였다.

—『잘못된 신화와 비밀에 대한 여성백과사전』에서

보지에 관한 사실, 넷

클리토리스 절제로 대표되는 음핵절제를 받은 여성은 8000만에서 1억 명에 가까운 실정이다. 그들은 대부분 어린 소녀와 젊은 여성 들이다. 할례는 주로 아프리카 나라들에서 행해지는데 한 해에 200만 명의 소녀들이 칼이나 면도날 또는 유리조각 등으로 클리토리스가 잘리거나 아예 제거당한다. 그리고 남아 있는 일부나 내음순 모두를 한꺼번에 장선으로 꿰매버린다.

종종 이 수술은 '포경수술'처럼 간단한 것으로 묘사되지만 비교해보면 심각성이 드러난다. 아프리카의 의사 나히드 투비아가 인정하는 것과 같이, 여성들의 음핵을 절제하는 행위는 남성의 페니스를 대부분 잘라내는 것과 마찬가지이며 어떤 경우엔 페니스를 몽땅 들어내는 것과 같고, 또 '뿌리 부분의 부드러운 살로 이루어진 음낭조직까지 건드리는' 경우도 종종 있다는 것이다.

단기적으로는 파상풍, 패혈증, 과다출혈을 일으킬 염려가 있고 요도, 방광, 질벽, 항문 괄약근 등에 상처를 입을 수 있다. 장기적으로는 만성적인 자궁 감염을 일으킬 수 있고, 또 상처 부위가 깊고 커서 일생 동안 걸음을 제대로 걷지 못할 수도 있다. 기공이 생길 수도 있고 출산 진통시 위험이 다른 사람들보다 가중되며 조기 사망도 불러올 수 있다.

—『뉴욕 타임스』 1996년 4월 12일 기사에서

분노한 나의 보지

내 보지는 분노했어. 정말이야. 그건 정말 화가 나 있어. 내 보지는 분노에 떨며 말할 필요를 느껴. 그것은 이 모든 거지 같은 일에 대해 이야기할 필요를 느낀다구. 그것은 당신에게 말하고 싶어해. 내 말은, 웬 소란이냐구? 한 무리의 사람들이 내 불쌍하고 점잖고 사랑스러운 보지를 고문할 방도를 찾느라 혈안이 되었단 말이야……. 내 보지를 훼손하려고 추잡한 아이디어를 내놓거나 사이코 제품을 만드는 데 시간을 보내고 있단 말이지. 보지 니미시팔.

이 모든 똥 같은 일들, 그들은 끊임없이 우리를 좁히고 청소하고 메우고 없애버리려고 애쓰고 있지. 글쎄, 내 보지는 그냥 없어져버리지 않아. 그것은 성이 나 있고 바로 여기 머물러 있어. 탐폰처럼 말이야. 도대체 이게 무슨 일이람? 그 시팔놈의 마른 솜뭉치가 거기 뭉쳐 있다구. 그들은 왜 탐폰을 매끄럽게 만들지 못하는 거지? 내 보지가 그걸 보자마자 충격을 받잖아. 잊어버리라고 말하지. 그러고는 문을 닫아버려. 보지와 함께 해야 할 일들이 있어. 우선 보지에게 물건을 소개하고 길을 준비해야 해. 그것이 전희라는 것의 전부지. 당신은 내 보지를 확신시키고 내 보지를 유혹하고 내 보지의 신뢰를 얻어내야 해. 그 시팔놈의 면뭉치 갖고는 그걸 할 수 없단 말이야.

잡스러운 물건들로 내 거기를 채우려는 것들은 엿이나 먹어라! 채우려는 것도 멈추고 청결하게 하려는 것도 멈추라구! 내 보지는 청소할 필요가 없단 말이야. 그건 이미 좋은 냄새가 나거든. 물론 장미꽃 냄새는 아니지. 꾸미려고 하지 마. 보지 냄새가 나는데 장미꽃 냄새가 난다고 말하는 남자라면 그를 믿지 마. 그게 그들이 하는 짓이야. 청소를 하려 하고 욕실 방향제나 정원 냄새가 나게 하려고 하거든. 꽃, 딸기, 비 냄새가 나는 그 모든 질 세척제들. 나는 내 보지에 비 냄새가 나길 원하지 않아. 조리한 생선을 다시 씻어내듯이 청결해지기를 원하지 않는다구. 나는 그 생선을 맛보기를 원해. 그 맛이 내가 생선을 주문한 이유니까.

 그리고 그 검사들 있잖아. 도대체 누가 그것들을 생각해 냈을까? 그걸 검사하는 더 좋은 방법들이 있을 텐데. 그 겁나는 종이 드레스는 어떻고? 그걸 입고 병원 침대에 누우면 그게 와삭와삭 소리를 내며 당신의 젖꼭지를 벨 듯이 스치지. 그러면 당신은 마치 누군가 구겨서 던져버리려고 하는 종이뭉치 같은 기분이 들어. 그리고 또 왜 고무장갑이야? 또 왜 중력을 거스르며 걷는 낸시 드류1930년 캐롤린 킨이 쓴 아동용 탐정소설 시리즈의 여주인공처럼 그 끝까지 손전등을 비춰야 하지? 또 왜 당신의 보지 속을 헤집는 게 심술궂게 차가운 오리주둥이 모양 나치 등자쇠란 말이야? 그게 도대체 뭐야? 내 보지는 그 방문객들 때문에 화가 났어. 몇 주일 전부터 이미 방어태세에 들어갔다구. 그것은 문을 폐쇄하고 '릴랙스'하지 못해. 당신은 그 말, "당신의 보지를 릴랙스하세요, 당신의 보지를 릴랙스하세요"란 말을 증오하지 않아? 도대체 왜? 내 보지는 바보가 아니야. 차갑고 심술궂은 오리주둥이가 제멋대로 당신 속을 헤집어놓도록 릴랙스하라고? 그렇게는 못 하지.

 그들은 왜 더 좋은 방법을 찾지 못할까? 이를테면 맛있어 보이는 자줏빛 벨벳 천으로 나를 감싼 뒤에 깃털처럼 부드러운 면 담요 위에 눕히고, 친밀한 핑크색이나 파란색 장갑을 끼고 털 달린 등자쇠로 내 다리를 쉬게 할 수는 없는 걸까? 오리주둥이를 따뜻하게 덥힌 다음에 내 보지와 작업하라구.

그렇지만 더 이상, 더 이상 고문하지 마. 시팔놈의 마른 솜뭉치, 차가운 오리주둥이, 가죽끈으로 된 속옷. 그게 제일 나빠. 가죽끈 속옷. 그걸 누가 생각해냈을까? 그건 항상 이리저리 움직이다가 보지 뒤쪽에 끼어서 엉덩이까지 조여오지.

보지는 느슨하고 넓게 열려 있어야 해. 그건 한 군데 모여 있는 것이 아니야. 그래서 엉덩이를 조이는 거들이 그렇게 몸에 나쁘다는 거지. 우리는 움직이고 넓히고 그리고 말하고 또 말해야 해. 보지는 위안을 필요로 해. 그런 것을 주어야 해. 그들에게 기쁨을 주는 그런 것 말이야. 그들은 물론 그러려고 하지 않을 거야. 여자들이 기뻐하거나, 특히 성적인 쾌락을 느끼는 것을 증오하겠지. 내 얘기는, 프랑스산 간지럼쟁이가 장착된 좋은 면 속옷을 마련하라는 말이야. 여성들에게 하루 종일 오르가슴이 올 거야. 슈퍼마켓에서도 오고 지하철에서도 오고 또 올 거야. 행복한 보지들. 그들은 그걸 참을 수 없을 테지. 그 똥같이 잡스러운 것들을 취하지 않고 에너지에 넘치는 행복한 보지들을 말이야.

만약 내 보지가 말을 할 수 있다면 그건 나처럼 그 자신에 관해 이야기할 거야. 다른 보지들에 관해서도 말하겠지. 보지에 관한 인상들을 말이야.

그것은 옷을 입지 않을 거야. 아무것도 안 걸치고 오로지 해리 윈스턴 다이아몬드만 길게 드리울걸.

내 보지는 거대한 아기를 낳도록 도왔어. 그것은 그런 일을 더 할 걸로 생각했지. 그렇지 않아. 이제 그것은 여행하기를 원하고 동행이 많지 않길 바라. 그것은 읽기를 원하고 세상일을 더 알기를 원하고 더 자주 밖에 나오기를 원해. 그것은 섹스를 원하고 섹스를 사랑해. 그것은 더 깊이 들어가기를 원해. 그것은 깊이에 몹시 굶주려 있어. 그것은 친절을 원해. 그것은 변화를 원해. 그것은 침묵과 자유 그리고 부드러운 키스와 따뜻하고 유동적인 깊은 터치를 원해. 그것은 초콜릿을 원하고 소리치기를 원해. 그것은 더 이상 화가 나 있기를 원치 않아. 그것은 오르가슴을 원하고 더 원하길 원해. 그것은 원해. 내 보지, 내 보지, 그러니까…… 그것은 모든 걸 원해.

  지난 10년 동안 나는 집 없는 여성들, 우리가 흔히 '홈리스'라고 분류하고 잊어버리고 싶어하는 여성들과 함께 지냈습니다. 지금은 아주 가까운 친구가 된 이 여성들과 함께 나는 온갖 일을 했습니다. 성폭력 피해자나 근친강간 피해자, 알코올중독자, 마약중독자 등에 대한 다양한 치료프로그램을 실시하면서 함께 영화도 보러 가고 밥도 먹었습니다. 한마디로 같이 놀았지요.

  지난 10년 동안 내가 인터뷰를 한 여성들이 100명이 넘는데 그중에서 2명을 빼고는 전부 어렸을 때 근친 성폭력을 당하거나 강간을 당했습니다. 나는 그 여성들과의 만남을 통해 하나의 이론을 세웠는데 그건 여성들에게 '집'이란 너무나 무서워서 도망 나와야 할 곳이라는 겁니다. 내가 그들을 만난 쉼터가 그들이 안전하게 지낼 수 있었던 최초의 공간이었습니다. 그 여성들은 쉼터의 다른 여자들 속에서 위로받고 보호받으며 안전하다고 느끼게 된 것입니다.

이 독백은 내가 5년 전에 쉼터에서 만난 한 여성의 이야기입니다. 나도 이 이야기가 흔하지 않은, 보통 상식적인 가정에서는 일어나지 않는 극단적으로 잔인한 사례라고 이야기하고 싶습니다. 그런데 불행하게도 그렇지 않습니다. 사실은 내가 10년 동안 들은 다른 이야기들에 비하면 끔찍하지도 않은 이야기지요.

가난한 여성들이 당하는 성폭력은 심지어 보고되지도 않습니다. 각종 사회범죄 통계에도 잡히지 않는 경우가 대부분입니다. 환경이 열악하기 때문에 성폭력을 당하고도 치료를 받거나 상담을 받는 것은 그들에겐 사치에 가까운 일입니다. 지속적으로 성폭력에 노출되다보면 자기존중 같은 것도 잃어버리게 됩니다.

결국 마약으로, 윤락행위로 빠져들게 되고, 에이즈에 걸려 죽음으로 내몰리게 됩니다. 다행스럽게도 이 이야기 속의 여성은 좀 특별한 결과를 얻었습니다.

이 여성은 쉼터에서 다른 여성을 만나 사랑에 빠졌습니다. 그들은 사랑의 힘으로 함께 복지시설에서 나와 아름다운 삶을 영위하고 있습니다. 나는 그들을 위해 이 이야기를 썼습니다.

이 이야기를 그들의 경이로운 영혼에 바칩니다. 우리가 보지는 못하지만 우리를 필요로 하는 상처받은 여성들을 위해.

작은 짬지

| 남부 액센트의 흑인여성 |

기억: 1965년 12월, 다섯 살

엄마는 나를 죽일 듯이 커다랗고 무서운 목소리로 짬지를 만지지 말라고 소리쳤어요. 나는 겁에 질려서 내가 짬지를 만져서 그게 없어져버리면 어떡하나 걱정했어요. 그래서 목욕할 때도 만지지 않았어요. 그리로 물이 들어가서 터질까 봐 겁이 났어요.

나는 그 구멍을 막으려고 일회용 밴드를 붙였는데 물에 들어가니까 떨어져버렸어요. 나는 욕조 마개처럼 튼튼한 것으로 기기를 마아서 아무도 못 들어오게 하고 싶었어요. 난 잠옷 속에 예쁜 하트가 그려진 면 팬티를 세 개나 껴입고 잤어요. 거기를 만져보고 싶었지만 꾹 참고 그냥 잤어요.

기억: 일곱 살

열 살짜리 에드가 몬테인, 그 녀석이 어느 날인가 나한테 마구 핏대를 올리며 내 다리 사이를 주먹으로 힘껏 쳤어요. 꼭 내 몸 전체를 부수는 것처럼 아팠어요. 난 절뚝거리며 배를 싸쥐고 집에 왔어요. 쉬야도 할 수 없었지요.

엄마는 짬지가 어떻게 된 거냐고 물었어요. 에드가가 때렸다고 말했더니 엄마는 소리를 버럭버럭 지르면서 아무도 거기를 만지게 해서는 안 된다고 말했어요. 그 애가 만진 것이 아니라 주먹으로 때린 거라고 설명하느라 애먹었어요.

기억: 아홉 살

나는 침대 위에서 펄쩍펄쩍 뛰면서 놀고 있었어요. 신나게 뛰다가 침대 모서리에 내 짬지가 딱 박혀버렸어요. 난 내 짬지의 입에서 곧바로 터져나오는 비명을 자지러지게 질러댔고, 병원 응급실에 실려가서 찢어진 짬지를 꿰매야 했어요.

기억: 열 살

아빠 집에 갔어요. 우리와 따로 살고 있는 아빠 집에는 아빠 친구들이 잔뜩 모여서 술을 마시며 파티를 하고 있었고, 난 지하실에서 혼자 놀고 있었어요. 난 아빠의 여자친구가 내게 준 흰색 브래지어와 팬티를 입어보고 있었어요.

그런데 갑자기 아빠의 친한 친구인 거구의 알프레드 아저씨가 나타났어요. 그런데 그 아저씨가 내 뒤에서 내 팬티를 벗기더니 그 징글맞게 커다랗고 딱딱한 자지를 내 짬지에 집어넣으려고 하는 거예요. 나는 소리 지르고 발로 차고 난리를 피웠지만 열 살짜리 애가 술 취한 거구의 남자를 어떻게 이기겠어요.

그때 아버지가 소리를 들었는지 총을 들고 내려왔어요. 그다음엔 총소리, 나와 그 아저씨 주변은 피범벅이 됐어요. 난 내 짬지가 마침내 다 날아가버렸다고 생각했어요. 알프레드 아저씨는 총상 때문에 평생 동안 마비가 됐지요. 엄마는 그후 칠 년 동안 아빠를 만나지도 못하게 했어요.

기억: 열두 살

내 짬지는 아주 나쁜 곳이에요. 아프고 잔소리를 불러일으키고 주먹으로 맞고 침범당하고 피를 부르는 불행의 장소지요. 나쁜 일을 부르는 재앙지대인 거지요. 난 내 다리 사이로 난 고속도로를 상상하곤 했어요. 난 간다, 이 재앙지대로부터 멀리 자유롭게 떠난다구요.

기억: 열세 살

우리 이웃집에 스물네 살짜리 멋쟁이 언니가 살았어요. 나는 그 언니가 나갈 때나 들어올 때나 넋을 잃고 바라봤어요. 어느 날 언니가 나를 자기 차 안으로 불렀어요. 그리고 남자애들하고 키스하는 걸 좋아하느냐고 묻기에 싫어한다고 대답했지요. 언니는 보여줄 게 있다며 내게 고개를 숙이더니 내 입술에 자기 입술을 대고 부드럽게 키스를 하는 거예요. 그리고 내 입 안으로 자기 혀를 살짝 집어넣는 것이었어요. 와아. 언니는 자기 집으로 올 수 있느냐고 묻고 다시 내게 키스를 하며 편안한 마음으로 느낌을 가지라고, 서로의 혀를 느끼라고 말했어요.

언니는 우리 엄마에게 내가 그날 밤 자기 집에서 자도 되느냐고 물었어요. 우리 엄마는 그렇게 근사하고 멋진 여자가 나한테 관심을 가져주는 게 자랑스러워서 그런지 무조건 좋다고 했어요. 나는 두려움도 있었지만 왠지 저녁 때까지 기다릴 수 없을 만큼 초조했어요.

언니의 아파트는 무척 근사했어요. 집을 꾸며놓은 것이 환상적이었지요. 1970년대 풍이었어요. 구슬 장식, 푹신한 베개, 분위기 있는 조명. 그때 나는 이다음에 어른이 되면 언니처럼 비서가 되기로 결심했어요.

언니는 보드카를 따라 마시면서 나에게 무엇을 마시겠냐고 묻는 거예요. 그래서 나도 언니가 마시는 걸 마시겠다고 했더니 아마 내가 보드카 마시는 걸 엄마가 알면 허락하지 않을 거라고 말하데요. 그래서 내가 아마 엄마는 여자하고 키스하는 것도 허락하지 않을 거라고 말했지요. 그랬더니 그 예쁜 언니는 나도 보드카를 마실 수 있게 해주었어요.

언니는 초콜릿 색깔 새틴 잠옷으로 갈아입었어요. 언니는 너무 예쁘게 보였어요. 난 언제나 남장을 한 여자 동성애자가 보기 싫다고 느꼈어요. 그래서 말했지요. "언니, 너무 멋있어." 그 언니는 "너두 예뻐"라고 말했어요. "그렇지만 난 하얀 면 브래지어와 팬티밖에 없잖아"라고 내가 말했어요. 그러니까 언니는 내게도 똑같은 새틴 잠옷을 천천히 입혀주었어요. 마치 봄날 처음 피는 라벤더꽃 같은 기분이었어요.

이미 술기운이 내 온몸에 퍼졌고 난 흐물흐물 녹아내리는 것 같았지요. 언니의 침대 머리맡에는 크게 부풀린 고수머리를 한 흑인여자의 누드 사진이 있었어요.

언니는 나를 침대에 부드럽게 눕혔어요. 서로의 몸을 그냥 부딪치고 쓰다듬는 것만으로도 난 흥분되었어요. 언니는 내게 모든 걸 다 해줬어요. 특히 내 짬지, 그전에는 늘 재앙을 불러일으키던 그곳에, 그런데 그곳이 와아, 난 뜨거워지고 흥분됐어요. 언니가 말했어요.

"남자의 손길이 닿지 않은 너의 보지는 향기롭고 신선해. 앞으로도 영원히 이대로 있었으면 좋겠어."

난 거의 미쳐버릴 지경이었지요. 그때 전화벨이 울렸어요. 물론 우리 엄마 전화죠. 내가 성적으로 절정을 경험하고 있다는 걸 언니도 알았던 것 같았어요. 난 가쁜 숨을 몰아쉬면서도 아무렇지도 않은 것처럼 전화를 받았어요.

엄마는 "왜 그래? 달리기라도 했니?"라고 물었어요. 난 "아니, 엄마, 운동을 했어요"라고 말했지요. 그러자 엄마는 그 예쁜 비서 언니를 바꿔달라고 하고는, 주변의 남자애들하고 어울리지 않게 해달라고 부탁했어요. 언니는 대답했어요. "염려 놓으세요. 이 주변에는 남자애들이 하나도 없어요."

그뒤 그 매혹적인 언니는 나의 짬지에 대해서 모든 것을 다 가르쳐줬어요. 언니는 내가 언니 앞에서 기쁨에 젖도록 했고 내 자신을 즐겁게 만드는 여러 가지 다른 방법을 가르쳐주었어요. 언니는 그 방면에 도통해 있었어요. 언니는 언제나 스스로 자신을 기쁘게 만들 줄 알아야 남자한테 의존하지 않게 된다고 말해줬어요.

아침이 되자 난 부치butch, 여성 동성애에서 남성 역할가 된 게 아닐까 걱정하기 시작했어요. 왜냐하면 난 언니를 사랑하고 있었거든요. 내 말을 듣고 언니가 웃었어요. 그렇지만 그후로는 언니를 못 만났어요. 이제 와서 그 얘기를 하면 사람들이 그건 강간이나 마찬가지라고 말하지요. 나는 열세 살이었고 언니는 스물네 살이었으니까.

글쎄, 그걸 꼭 강간이라고 표현해야 한다면 난 차라리 좋은 강간이었다고 말하고 싶어요. 그때까지 온갖 재앙의 원천이었던 내 짬지를 천국으로 안내한 강간이었으니까요.

나는 뉴욕 공연 중에 이런 편지를 받았습니다.

음문 클럽의 명예총재로서 우리는 당신을 회원으로 받아들이는 것을 기쁨 이상의 영광으로 알겠습니다. 그렇지만 20년도 전에 해리엇 러너가 이 클럽을 만들었을 때, 그녀는 **음문**이라는 단어를 이해하고 정확하게 사용하는 사람만을 회원으로 받아들였습니다. 그 이유는 가능하면 좀더 많은 사람들, 특히 여성들과 소통하기 위해서였습니다.

안부를 전하며

제인 허시먼

음문 클럽

 나는 언제나 이름 짓는 일에 과도하게 집착해왔어. 내가 무언가의 이름을 지을 수 있다면 그것은 내가 그들을 알 수 있다는 것이지. 내가 누군가의 이름을 지을 수 있다면 나는 그들을 길들일 수도 있어. 그들은 나의 친구가 되는 거지.
 예를 들면 어린 시절 나는 수많은 개구리들을 갖고 있었어. 봉제인형 개구리도 있었고 자기 개구리도 있었고 플라스틱 개구리, 네온 개구리, 배터리로 움직이는 행복한 개구리도 있었어. 모든 개구리들이 다 이름을 갖고 있었어. 이름을 짓기 전에 나는 그 개구리들을 더 잘 알기 위해 시간을 보냈지. 나는 그 개구리들을 내 침대 위에 올려놓고 대낮에 들여다보기도 하고, 땀나는 내 두 손으로 들어보기도 하고, 코트 주머니에 넣어보기도 했어. 나는 그들의 질감, 냄새, 모양, 크기, 유머감각까지 모든 걸 알아야만 했어. 그러고는 보통 아주 훌륭한 세리머니와 함께 이름 지어주는 의식을 거행했지. 나는 그들을 그들의 개구리 친구들에 둘러싸이게 하고 의식용 망토를 입히고 그 위에 꽃가루나 금빛 별가루 등을 뿌려주었어. 그리고 그들을 개구리 예배당 앞에 세워 놓고 작명식을 거행했지.

맨 처음, 나는 탐나는 이름을 그들의 귀에 대고 속삭였어. (속삭이며) "너는 내 개구리 두들 매시 파이야." 나는 그 개구리가 그 이름을 받아들이는지를 확인해. 그리고 그 이름을 다른 개구리들에게도 크게 말하지. 어떤 개구리들은 자기들의 이름도 지어주기를 기다려. "개구리 두들 매시 파이." 그러고 나면 노래를 부르는데 보통 새로 지은 개구리 이름을 다른 개구리들과 함께 말하고 또 말하는 식이야. (노래로 만들어 부르며) "개구리 두들 매시 파이. 개구리 두들 매시 파이." 춤도 함께 추면서 말이야.

나는 내 개구리들을 줄지어 세워놓고 그 사이를 들고 나며 춤을 춰. 보통 개구리처럼 폴짝폴짝 뛰면서 개구리 울음소리를 흉내 내며 추는데, 나에게 이름을 하사받은 개구리는 그 크기에 따라 내 손바닥 위에 올려두거나 품에 안거나 하는 식이지. 그건 아주 힘겨운 의식이지만 아주 중요한 의식이기도 해. 개구리한테만 그러면 좋았을걸. 나는 모든 것에 이름을 붙여야만 했거든. 나는 양탄자에도 이름을 붙였고 문에도 의자에도 계단에도 이름을 붙였어. 예를 들면 내 손전등 이름은 벤이었는데 내 유치원 선생님의 이름을 따서 지었지. 그는 당시 나와 부딪힐 일이 많았거든.

결국 나는 내 몸의 모든 부분에 이름을 붙이게 되었어. 내 손은 글래디스였지. 손은 글래디스처럼 기능적이고 기본적인 것이거든. 어깨는 쇼티라고 지었는데 강하고 약간 호전적이었으니까. 내 가슴은 베티. 베로니카는 아니지만 '어글리 베티'는 아니었어. 내 '거기 아래'를 이름 짓는 것은 쉽지 않았어. 그것은 내 손의 이름을 짓는 것과는 달랐거든. 아니 그것은 더 복잡한 무엇이었지. 거기 아래는 살아 있었지만 무어라고 꼭 집어 말하기는 쉽지 않았어. 그것은 이름 없이 남아 있었고, 이름이 없으니 길들여지지 않은 채 내가 모르는 무엇으로 변해갔어.

우리는 그때 새라 스탠리라는 이름의 베이비시터가 있었어. 그녀는 나를 오줌 싸게 만드는 높은 음색으로 말하곤 했지. 어느 날 밤 그녀는 나에게 '아가'를 닦는 것을 잊지 말라고 말했어. 나는 내가 그 이름을 좋아했는지도 잘 모르겠어. 그게 뭔지 알아채는 데도 한참이나 걸렸으니까. 그러나 그녀의 목소리에는 무언가가 있었지. 그 이름은 내 귀에 박혀버렸어. 그래 그거야, 내 아가.

불행하게도 이 이름은 어른이 된 후에도 내게 따라붙었어. 나중에 내 남편이 된 남자와 잠자리에 든 첫날, 나는 그에게 내 아가가 약간 수줍음을 타기는 하지만, 만약 그가 인내심을 갖는다면 그녀가 틀림없이 신비를 벗어 보이게 될 것이라고 말해주었지. 그는 처음에는 황당하게 여기는 듯했지만 나중에는 그 이름에 적응하고 실제로 그것을 그 이름으로 부르곤 했어. "거기 아가 있어? 아가가 준비됐대?" 나 자신은 그 이름에 결코 만족하지 않았기 때문에 나중에 우리에게 일어난 일이 정말로 놀랍지도 않았지.

어느 날 밤 남편과 나는 행위 중이었어. 그는 그녀를 불러내었지. "이리 와, 내 작은 아가." 그러나 그녀가 응답을 하지 않는 거야. 갑자기 그녀가 거기 없는 것만 같았지. "아가야, 나야. 너의 가장 열렬한 팬." 아무 말이 없었어. 아무 움직임도 없었어. 그래서 이번에는 내가 그녀를 불렀지.

"아가, 이리 나와봐. 나한테 이러지 마."

아무 말도, 아무 소리도 없었어. 아가는 죽었고 벙어리였고 사라져버렸어.

"아가!"

며칠 동안 그녀는 오지 않았어. 그리고 몇 주, 몇 달이 흘렀어. 나는 낙담해버렸지.

나는 어쩔 수 없이 내 친구 테레사에게 털어놓을 수밖에 없었는데, 그녀는 자기 시간 전부를 새로운 여성 그룹과 함께 보내고 있었어.

"테레사, 내 아가가 나한테 말을 안 해, 내가 불러도 돌아오질 않아." 내가 말했어.

"아가가 누구야?"

"내 아가. 내 아기 말이야."

"도대체 무슨 얘길 하고 있는 거야?" 갑자기 그녀가 내 목소리보다 깊어진 목소리로 말하더군. "이 아가씨야, 너의 음문을 말하고 있는 거야, 지금?"

"음문? 그게 정확히 뭔데?" 내가 테레사에게 물었어.

"그건 패키지야. 전체를 의미하는 거라고." 그녀가 말했어.

음문. 음문. 난 무언가 잠긴 것이 풀리는 것을 느꼈어. 아가는 잘못된 것이었어. 나는 처음부터 그것을 알고 있었던 거야. 나는 아가를 볼 수 없었어. 나는 결코 그녀가 누구인지 무엇인지 알지 못했고, 그것은 구멍이나 입술처럼 들리지 않았어.

그날 밤, 내 남편 랜디와 나는 개구리들과 똑같이 그녀에게 이름을 붙여주었어. 우리는 그녀에게 섹시한 의상을 입히고 꽃가루로 장식한 다음 촛불을 켜고 몸의 예배당 앞에 그녀를 놓았어. "음문, 음문." 우선 우리는 혹시라도 그녀가 들을까 하고 그 이름을 부드럽게 속삭였어. "음문, 음문, 너 거기 있니?" 달콤함이 배어나왔고 그리고 틀림없이 무언가 움직였어. "음문, 음문, 너는 정말로 있니?"

그리고 우리는 음문 노래를 불렀어. 음문 노래는 개굴개굴거리는 것이 아니라 키스로 이루어졌지. 우리는 또 음문 춤을 추었는데, 그것도 물론 개구리처럼 폴짝폴짝 뛰는 것이 아니었지. 그것은 다른 모든 몸의 부분들, 베티와 글래디스, 쇼티까지 함께 줄지어 뛰어오르는 도약의 춤이었어. 그리고 그들은 틀림없이 듣고 있었어.

보지에 관한 사실, 다섯

 아프리카의 일부 지역에서는 음핵절제의 전통이 조용히 사라져가고 있는 듯하다. 예를 들면 기니의 수도 코나크리에 사는 아자 퉁카라 디알로 파티마타는 서구 인권단체들의 비난을 한 몸에 받고 있었다. 그녀는 기니를 대표하는 음핵절제 전문가로 소문났기 때문이다. 그런데 그녀가 몇 년 전 고백한 바에 따르면 그녀는 실제로 음핵절제를 하지 않았다는 것이다. "나는 그저 그들의 클리토리스를 꽉 쥐어서 비명을 지르게끔 만들었다. 그러고는 팽팽하게 묶어서 고통스럽게 건게 만들었을 뿐이다."

—출산 법률과 정책 센터

당신의 보지에서는 무슨 냄새가 날까?

흙.
젖은 쓰레기.
하느님.
물.
신새벽.
깊이.
달콤한 생강.
땀.
그때 그때 달라.
사향.

나 자신.

아무 냄새도 안 난다던걸.

파인애플.

성배에 담긴 원액.

팔로마 피카소 향수.

야생의 살 냄새와 사향.

계피와 정향.

장미.

짜릿한 사향과 재스민 숲, 깊고 깊은 숲.

젖은 이끼.

맛있는 사탕.

남태평양.

생선과 라일락 사이 어디쯤.

복숭아.

숲.

무르익은 과일.

딸기와 키위를 넣은 홍차.

생선.

천국.

식촛물.

도수 낮은 달콤한 술.

치즈.

바다.

섹시.

스펀지.

태초의 냄새.

 이 책을 가지고 지난 3년간 미국 전역을 (지금은 전세계를) 돌아다녔습니다. 모든 도시들을 돌다 버자이너를 환영하는 지역을 표시하는 지도를 만들 수 있을 정도가 되었습니다. 지금은 그런 도시들이 꽤 많아졌습니다. 의외의 지역도 있었는데 오클라호마시티가 그랬습니다. 버자이너에 열광했거든요. 피츠버그는 버자이너를 사랑하는 도시였어요. 그곳에서 벌써 세 번이나 앙코르 공연을 했다니까요. 어디를 가든 공연이 끝나면 여성들이 내게 와서 자기 이야기를 털어놓고, 제안을 하고, 공연의 느낌을 나눴습니다. 그때가 내가 제일 좋아하는 시간입니다. 나는 정말로 기가 막힌 이야기를 많이 들었습니다. 너무도 아무렇지 않게 너무도 쉽게 이야기했지만 말입니다.

난 그런 이야기들을 들을 때마다 여성들의 삶이 얼마나 심원하고 비범한지 깨닫게 되었습니다. 또한 여성들이 얼마나 고립되어 있는지, 그렇게 고립되어 있으면서 얼마나 억압을 받고 있는지 깨닫게 되었습니다. 자신들이 겪은 고통과 혼란을 누구에게도 말하지 못하고 혼자서 침묵 속에 갇혀 있다는 것도요. 이 모든 혼란 속에서 그들이 얼마나 많은 수치심을 느끼는지, 자신들의 이야기를 하고 다른 사람들과 서로 경험을 나누는 것이 여자들에게 얼마나 중요한지를 알게 된 것이죠. 우리 여성들의 생존이 바로 그 대화에 달려 있었습니다.

뉴욕에서 공연을 끝마친 어느 날, 바로 그 무대 뒤에서 놀라운 이야기를 들었습니다. 한 베트남여성이 찾아와 자신이 미국에 처음 왔던 다섯 살 소녀 시절의 이야기를 해주었습니다. 영어를 전혀 하지 못했던 이 소녀는 어느 날 친구와 함께 뛰어놀다가 소화전 위에 떨어져 보지가 찢어졌습니다. 무슨 일이 일어났는지를 설명할 길이 없던 소녀는 그냥 피범벅이 된 팬티를 침대 밑에 감추었습니다.

피 묻은 팬티를 본 엄마는 딸이 강간을 당했다고 생각했습니다. 소화전이 무엇인지도 몰랐던 그녀는 부모에게 일어난 일을 설명할 수가 없었고 부모는 같이 놀던 친구의 오빠가 소녀를 강간했을 거라고 의심했습니다. 부모는 소녀를 급히 병원으로 데려갔고, 병원에서는 여러 명의 남자 의사들이 둘러서서 소녀의 파열된 보지를 벌리고 바라보았습니다.

집으로 돌아오며 소녀는 깨달았습니다. 그녀의 아버지가 더 이상 그녀를 쳐다보지도 않는다는 것을. 아버지의 눈에 소녀는 이미 더럽혀진, 끝장난 여자였던 것입니다. 그후 지금까지 그녀의 아버지는 단 한 번도 딸을 제대로 쳐다보지 않았습니다.

오클라호마 공연에서 만난 여성의 이야기도 있습니다. 그녀는 양어머니와 함께 찾아와 자신이 보지 없이 태어난 것을 열네 살 무렵에야 알았다고 했습니다. 친구와 놀던 그녀는 서로의 성기 부분을 비교해보았습니다. 그녀는 자신의 성기는 친구와 다르게 생겼다는 것, 뭔가 잘못되었다는 것을 알았습니다. 그녀는 부모와 친밀했기에 아버지와 함께 산부인과로 갔습니다. 의사는 그녀를 진찰하고는 그녀가 보지와 자궁이 없이 태어났다고 말했습니다.

그녀의 아버지는 돌아오는 길에 딸이 슬퍼할까봐 눈물을 감추어야만 했습니다. 아버지는 딸에게 희망을 주려는 마음에서 말했습니다.

"아가야, 걱정 마라. 모든 게 다 잘될 거야. 사실 이보다 멋진 일이 어디 있겠니? 아빠가 미국에서 최고로 좋은 '짬지'를 만들어줄 테니까. 그리고 네가 나중에 커서 결혼을 하면 네 신랑은 우리가 특별히 자기를 위해서 네게 그걸 만들어준 걸 알게 될 테니 오죽 잘됐니?"

부모는 약속대로 그녀에게 보지를 만들어주었습니다. 그리고 이틀 후에 그녀는 자기 아버지와 함께 다시 왔는데 정이 넘치는 그 부녀의 모습은 지금도 제 가슴을 훈훈하게 만듭니다.

피츠버그 공연 때 이런 일도 있었습니다. 한 여성이 매우 열정적으로 나에게 달려와서 나를 꼭 빨리 만나야만 한다고 말했습니다. 그녀의 열정적인 태도는 나를 확신시켰습니다. 그래서 뉴욕으로 되돌아오자마자 그녀에게 전화를 걸었습니다. 마사지치료사인 그녀는 나에게 보지의 질감에 대해서 이야기하고 싶다고 말했습니다. 질감이 아주 중요한 요소인데 내 이야기에는 질감이 없다고 하더군요. 그뒤 그녀는 한 시간 동안 너무나도 상세하고 너무나도 분명한 감각으로 질감에 대해서 얘기했기에 그녀와 전화를 끝낸 다음 나는 뻗어버릴 정도였습니다.

그녀는 대화 도중 '컨트^(cunt, 여성 성기의 다른 표현)'라는 말에 대해서도 얘기했습니다. 난 공연 중에 그 말을 부정적으로 언급한 적이 있습니다. 그녀는 내가 그것을 전혀 이해하지 못하고 있다고 말하더군요. 그녀는 내가 '컨트'에 대해 다시 생각하도록 만들었습니다. 그녀는 그 말에 대해서만 한 삼십 분 동안 또 얘기했습니다. 그리고 그녀가 얘기를 끝낸 다음 나는 개종했습니다. 다음의 이야기는 그녀를 위해 쓴 것입니다.

컨트 재평가하기

난 그걸 컨트라고 말해요. 그 말, "컨트"를 재평가한 것이죠. 난 그 말이 정말 좋아요. "컨트." 들어보세요. "컨트." 씨 C 씨, 카Ca 카. 캐번cavern 동굴 캐클cackle 수다 클릿clit 음핵 큐트cute 귀여운 컴come 오다—씨를 닫고—안쪽의, 안쪽의 카를 달고—다음은 유u—다음엔 커cu—다음에 둥글고 멋진 상어 가죽의 유—유니폼uniform 제복 언더under 아래로 업up 위로 얼지urge 재촉하다 어ugh 어, 유—다음엔 엔n 그러니까 컨cun—서로 완벽하게 들어맞는 기분 좋은 글자들—엔—네스트nest 둥지 나우now 지금 넥서스nexus 관계 나이스nice 좋은 나이스, 언제나 깊은, 언제나 액센트 음절을 둥글게, 컨, 컨—엔 뾰족하고 악의적인 전기 박동-엔(높은 고음으로) 다음엔 부드럽게 엔-따뜻한 엔-컨, 컨, 다음엔 티'-다음엔 날카롭고 또렷하고 짜릿한 티-텍스처texture 결 테이크take 가져가다 텐트tent 막 타이트tight 조이는 탠털라이징tantalizing 감질나는 텐싱tensing 긴장시키는 테이스트taste 취향 텐드릴스tendrils 덩굴손 타임time 시간 텍타일tactile 촉각의 텔미tell me 나에게 말해요 텔미 "컨트 컨트", 이 말을 해봐요, 내게 "컨트" "컨트"라고 말해요.

여섯 살 소녀에게
물어봤어요

"만약 네 짬지가 무언가를 입는다면 어떤 것을 입을까?"
"빨간색 운동화에다 메츠 야구모자를 거꾸로 쓸 것 같애."

"만약 말을 한다면 뭐라 할까?"
"'비읍'이나 '기역'으로 시작하는 말. '바이올린'이나 '거북이'같이."

"짬지를 보면 무슨 생각이 나니?"
"진한 색깔의 예쁜 복숭아, 아니면 보물함에서 찾은 다이아몬드. 그건 내 거잖아."

"짬지가 너에게 특별한 거야?"

"그 속 깊이 어딘가에 아주 아주 똑똑한 머리가 들어 있어."

"짬지는 무슨 냄새가 나지?"

"눈송이."

보지의 행복을
사랑하는 여자

　난 보지를 사랑합니다. 여성을 사랑하는 것이죠. 난 여자와 보지를 분리하지 않습니다. 여성들은 내가 그들을 사로잡아 보지를 흥분시키고 오르가슴을 경험하기 위해 나에게 돈을 냅니다. 내가 처음부터 이런 일을 했던 것은 아닙니다. 오히려 정반대의 삶을 살았죠. 나는 세법 전문 변호사였어요. 그러나 삼십대 후반에 접어들면서 여자들을 행복하게 만드는 데 집착하기 시작했습니다. 왜냐하면 만족하지 못하는 여성들이 세상에 너무나 많았기 때문이죠. 너무나 많은 여성들이 성적인 행복에 도달할 수 있는 통로를 차단당한 채 생활하고 있습니다. 처음에는 어떤 사명감에서 시작했습니다. 그러나 곧 나는 그 일에 온통 몰두하게 되었고 두각을 나타냈습니다. 곧 그걸로 돈을 벌게 되었죠. 소명을 알게 됐다고 해야 할까요? 세법은 더 이상 중요하지 않았고 재미도 없었습니다.

여자들을 지배할 때 나는 야하고도 튀는 옷을 입습니다. 레이스나 실크, 가죽 소재의 옷들 말이죠. 난 채찍, 수갑, 밧줄, 다양한 종류의 딜도 같은 소품도 이용한답니다. 세법에 어디 이렇게 흥미로운 것들이 존재할 수 있겠어요? 변호사 일에는 소품도 쓸 수 없고 재미도 없어요. 난 법정에 드나들면서 입어야 하는 그 무채색의 정장 차림을 혐오했어요. 직업을 바꾼 다음에도 가끔 그런 정장을 입지만 그럴 땐 오히려 기분전환이 됩니다. 결국 겉에 걸치는 옷이 아니라 내용이 중요한 것이죠. 변호사 일에는 소품도 필요 없고 의상도 필요 없고 거기가 축축해지는 일도 없습니다. 물론 어둡고 신비스러운 전희도 없고 잔뜩 긴장해서 일어서는 젖꼭지도 없지요. 침이 잔뜩 흐르는 맛있는 혀와 입도 없고, 무엇보다도 신음소리가 없어요. 내가 말하려는 신음소리가 없지요. 나도 이제 와서 깨달은 거지만 바로 그게 문제였어요. 사실은 그 신음소리가 결국 나를 유혹하고 여자를 행복하게 해주는 일에 중독되게 만든 거예요. 어린 시절 영화를 보면 화면 속에서 여배우들이 사랑을 하면서 이상한 신음소리를 내곤 했지요. 난 그게 잘 이해가 가지 않아서 언제나 웃어넘겼지만 어쨌든 신음소리는 날 이상스럽게도 안절부절못하게 만들었어요. 난 여자들이 그렇게 야만적인 소리를 커다랗게 마구 질러대는 것을 이해할 수가 없었어요.

나도 그런 신음소리를 내고 싶었어요. 거울 앞에서 신음소리를 연습하기도 하고 높낮이와 음색을 바꿔가며 녹음을 하기도 했어요. 어떤 때는 오페라를 하듯이, 또 어떤 때는 이를 악물고 억눌린 신음소리를 내보기도 했지만 그걸 다시 틀어보면 언제나 그건 가짜라는 것을 알 수 있었어요. 그건 가짜 신음소리였죠. 흉내를 낸 것뿐이죠. 흉내는 언제나 흉내일 뿐. 그건 진정으로 성적인 데 뿌리를 두지 않은 가짜였어요. 단지 섹시하고자 하는 내 욕망에 근거한 흉내내기였을 뿐이죠.

그러다 열 살 때의 어느 날을 떠올렸어요. 가족과 함께 자동차 여행을 하던 중이었는데 오줌이 몹시 마려웠어요. 한 시간 동안이나 참고 가던 중 마침내 시골길가에 있는 초라한 주유소의 더러운 바닥에서 소변을 보게 되었죠. 얼마나 시원했던지 난 신음소리를 내고 있었어요. 소변을 누며 내가 신음소리를 냈다니까요. 루이지애나 주 중부 어딘가의 텍사코 주유소에서 신음소리를 내고 있는 내 모습을 나조차도 믿기 힘들었어요. 그래서 난 깨달았어요. 신음소리는 원하는 것을 당장에 얻지 못하고 참는 것과 관련이 있다는 것을 말이죠. 놀랐을 때 터져나오는 신음소리가 가장 진실하다는 것도. 신음소리는 그렇게 당신 속에 숨겨져 있는 신비스러운 곳으로부터 터져나오며 자신만의 고유한 언어로 말한다는 것을 말입니다. 신음소리가 사실상 그 언어라는 사실을 깨닫게 되었지요.

그래서 나는 시끄러운 여자가 되었습니다. 그런데 대다수 남자들은 내 신음소리에 불안해하더군요. 솔직하게 말하면 신음소리를 겁냈어요. 내가 너무 시끄럽게 소리를 질러서 자기들이 하는 일에 몰두할 수가 없다는 것이죠. 그들은 집중력이 떨어지면 모든 게 사라져버린다는 거죠. 그래서 우린 다른 사람들 집에서는 사랑을 나눌 수 없었어요. 벽이 너무 얇아서 소리가 들릴까봐. 우리 아파트에서도 나에 대한 소문이 금세 퍼졌어요. 엘리베이터에 타면 모두들 경멸이 담긴 이상한 눈초리로 쳐다보곤 했지요. 남자들은 내가 비정상이라고 생각했고 미쳤다고 말하는 사람도 있었어요.

난 나의 신음을 수치스럽게 생각하기 시작했어요. 조용하고 예의바르게 굴기 위해 노력했지요. 베개로 입을 틀어막고 신음소리를 삼키는 법을 배웠어요. 마치 나오려는 재채기를 막는 것처럼요. 그러자 두통이 시작됐고 스트레스와 관련된 각종 질병이 나를 괴롭혔어요. 그렇게 아무 희망도 없이 좌절에 빠져 있을 때 여자들을 알게 됐어요. 여자들은 내 신음소리를 좋아한다는 것을 발견했어요. 그러나 더 중요한 것은, 다른 여성들이 신음을 할 때, 신음하도록 내가 도와줄 수 있었을 때, 내가 얼마나 짜릿한 흥분을 느끼는지를 알게 되었다는 것이죠. 그 일은 일종의 열정으로 변해갔어요.

열쇠를 발견하곤, 잠겨 있던 보지의 입과 목소리를 열어 지금의 야성의 노래를 부르도록 했어요.

나는 조용한 여성들과 사랑을 나누면서 그녀들 속에 숨겨진 비밀의 장소를 찾아주었는데, 그때마다 그들은 미친 듯이 신음소리를 터뜨리는 자신을 보며 충격을 받았어요. 나는 신음하는 여성들과 사랑을 했고 그들은 점점 더 깊이 우주를 꿰뚫는 듯한 신음소리를 토해냈지요. 난 마치 지휘자처럼, 밴드의 리더처럼 여성들이 신음소리를 토해내도록 지휘하는 데 열광적으로 탐닉하게 되었어요.

그건 일종의 수술과도 같아요. 아주 섬세하고 예민한 과학 같은 깃이죠. 신음소리의 뿌리가 위치한 곳과 신음소리의 템포를 정확하게 찾아내는 것이라고 표현하고 싶네요.

어떤 때는 청바지를 입은 여자를 보고도 찾을 수 있어요. 이건 우리끼리 얘기지만 어떤 때는 옷 속으로 몰래 들어가서 여자를 조용히 무장해제시킬 수도 있어요. 어떤 때는 완력으로, 물론 폭력적인 완력이 아니라 힘으로 여자를 제압할 때도 있어요. "내가 당신을 어디론가 데려다줄게. 걱정 마, 가만히 누워서 여행을 즐겨봐"라고 명령하듯이 말이죠.

어떤 때는 아주 일상적일 수도 있어요. 심지어 시작하기도 전에 신음소리가 나오는 때도 있어요. 샐러드나 닭고기를 먹다가 그냥 손가락으로만, 너무도 간단하게 부엌에서, "이런 식으로 말야." 그러면 검은 이탈리아 식초로 모든 것이 뒤죽박죽 돼버리고 말죠. 어떤 때는 소품을 쓰기도 해요. 난 소품을 즐기는 편이거든요. 또 어떤 때는 내 앞에서 그녀 자신의 신음소리를 스스로 찾게 만들기도 하죠. 난 그녀 자신이 스스로 자신을 활짝 열어 깊숙한 신음소리를 토해낼 때까지 그녀를 지켜보지요. 난 어설픈 신음소리에 넘어가지 않아요. 들으면 알거든요. 그게 진짠지 가짠지를. 그래서 제일 깊은 곳에서 우러나오는 신음소리가 터질 때까지 마구 몰아세우죠.

신음소리에도 여러 가지가 있답니다. 클리토리스 신음은 부드럽게 입안에서 속삭이는 소리죠. 보지의 신음소리는 목

깊은 곳에서 나오는 신음소리. 이 두 가지가 합쳐진 신음소리도 있어요. 신음소리가 날듯 말듯 힌트를 주는 전조신음도 있고 원을 그리는 듯 소리가 순환하며 나오는, 신음소리에 거의 근접한 소리도 있고, 바로 거기, 바로 거기야 하는 신음소리도 있고, 세련되게 웃는 우아한 신음소리도 있고, 록을 노래하듯이 신음을 터뜨리는 사람도 있고, 와스프 WASP, 앵글로색슨계 백인 신교도, 미국의 지배계층 신음처럼 아무 소리도 나지 않기도 해요. 이슬람교도의 기도 같은 반종교적인 신음소리도 있어요. 그런가 하면 산꼭대기에서 요들송을 부르듯이 신음소리를 내는 여성도 있어요. 갓난아기처럼 옹알이 소리를 내는 여성도 있고, 또 강아지가 헐떡거리듯이 신음소리를 내는 여성도 있어요. 요란하게 소리를 지르는 생일파티 신음소리도 있어요. 아주 공격적이고 때려부수는 듯한 양성애자 신음소리, 따다다다 하는 기관총 신음소리도 있어요. 뒤틀리고 굶주린 듯한 선수행禪修行 신음을 내는 사람도 있어요. 오페라 프리마돈나처럼 높은 신음을 내는 여성도 있고, 발가락이 배배 꼬이는 오르가슴을 느끼는 듯한 신음소리도 있어요. 그리고 마지막으로 가장 강력한 트리플 오르가슴의 놀라운 신음소리가 있지요.

　이 부분을 쓴 다음에 이 이야기의 주인공에게 읽어주었지요. 그녀는 신음소리에 대해 쓴 내 글을 좋아하기는 했지만 자기하고 상관이 없는 것 같다고 하더군요. 그녀는 내가 보지에 대해서 무언가 피해가면서 이야기를 객관적으로 풀어갔다는 느낌이라고 했습니다. 신음소리에 대한 언급조차도 왠지 여자의 보지를 객관화하여 여성의 존재와 분리시킨 듯하다는 거죠. 그런데 그녀의 이야기를 제대로 풀어가자면 레즈비언이 보는 여자의 보지에 대해서 풀어나가야 하는데 내가 아직 그것을 제대로 잡지 못했다는 것이죠.

　그래서 그녀와의 인터뷰를 다시 시작했습니다.

레즈비언인 나는

"레즈비언인 나는 당신이 남녀관계의 틀에서 벗어나 레즈비언 입장에서 이 문제를 봤으면 해요" 하고 그녀가 말하더군요. "예를 들면 난 남자를 싫어하기 때문에 여자를 욕망하는 것이 아니에요. 남자는 그 방정식에 들지도 않아요. 여성의 보지에 대한 사랑을 얘기할 때 보지 속으로 들어가는 것부터 시작해야 해요. 그 얘길 안 하면 레즈비언 섹스에 대해서 이야기할 수 없어요."

그녀가 말했어요. "예를 들면, 내가 여자하고 사랑을 한다고 가정합시다. 그녀는 내 속에 있어요. 나도 내 속에 있고. 즉 나는 그녀와 함께 나 자신을 사랑하는 것이죠. 내 속에는 손가락이 네 개 있어요. 둘은 그녀의 것, 둘은 내 것이죠."

난 적나라한 섹스 이야기를 해야 하는 건지 모르겠더라구요. 그러자 다시 섹스 중인 보지에 대해 이야기하지 않으면서 어떻게 보지들에 관해 이야기를 할 수 있을까 회의도 들더군요. 너무 적나라해서 사람들을 도발시키는 공연이 되면 그것도 곤란하구요. 사람들을 흥분시키기 위해서 내가 공연을 하는 건가요? 사람들을 흥분시키는 건 나쁜 건가요?

"레즈비언은 보지에 대해서 잘 알아요. 우리는 여자의 보지를 만지고 핥고 갖고 놀고 장난을 치지요. 우리는 클리토리스가 언제 부풀어오르는지를 알아요. 우리의 클리토리스가 부풀어오른 것도 눈치채지요."

그녀의 말을 들으며 난 당황스러웠어요. 흥분되기도 하고 두렵기도 했어요. 보지에 대한 그녀의 사랑과 그로부터 얻는 위안, 또 거리를 두려는 내 마음, 이 모든 것을 여러분 관객 앞에서 말해야 하는 공포, 이런 감정들이 뒤죽박죽되어 참으로 복잡했지요.

"나는 보지의 가장자리 부분을 갖고 노는 것을 좋아해요." 그녀가 말했어요. "손가락으로, 주먹으로, 발가락으로, 혀로. 나는 천천히 천천히 그 안에 들어가는 걸 좋아해요. 그리고 손가락 세 개를 집어넣지요."

"속으로 들어갈수록 새로운 문이 열리고 그 안에서 또 새로운 공간이 나타나지요. 그리고 입도 있지요. 남는 손이 있으면 그녀의 입속에도 내 손가락이 있고 그녀의 보지 속에도 내 손가락이 있어요. 내 열 손가락이 모두 위의 입과 아래의 보지 양쪽 모두에서 열심히 움직이지요. 그녀의 입이 내 손가락을 빨고 그녀의 보지가 내 손가락을 빨고 둘 다 모두 빨고 둘 다 모두 젖어 있지요."

난 더 이상 뭐가 공연에 적절한 건지 잘 모르겠습니다. 적절하다는 말의 의미조차도 잘 모르겠습니다. 그걸 누가 결정하겠어요. 난 그녀가 말하는 동안 그녀에 대해서, 나 자신에 대해서 너무도 많은 것을 배웠습니다.

"그리고 난 내 보지가 젖어 있는 것을 깨닫지요." 그녀가 말했습니다. "그녀는 내게 들어오고 싶어하지요. 나도 나 자신이 얼마나 젖어 있는지 알 수 있습니다. 그녀의 손가락을 내 질 속에 미끄러져 들어오게 하지요. 내 입속에도, 내 질 속에도 그녀의 손가락이 들어옵니다. 난 그녀의 손가락을 꺼냅니다. 나는 내 젖은 부분을 그녀의 무릎에 대고 비빕니다. 그래야 내가 얼마나 젖어 있는지 그녀가 알 테니까요. 난 나의 젖은 부분을 그녀의 다리 아래로 미끄러져 내리게 합니다. 내 얼굴이 그녀의 넓적다리 사이에 낄 때까지 아래로 내려갑니다."

보지에 대해서 이야기하는 것이 숨겨져 있는 미스터리를 모두 까발리는 것인가요? 아니면 보지를 그대로 알리지 않고 불만에 가득 찬 채로 어둠 속에 남겨두고 또 다른 신화로 만들어야 할까요?

"내 혓바닥이 그녀의 클리토리스 위에 있어요. 내 혀가 내 손가락을 대신하죠. 내 입이 그녀의 보지 속으로 들어갑니다."

이런 말들을 하는 것이 이상하기도 하고 위험하게도 느껴집니다. 너무 직접적이고 너무 구체적이고 무언가 잘못된 것 같은 기분도 듭니다. 그렇지만 어쩔 수 없이 나를 휘몰아치면서 생생하게 살아 있는 듯한 기분이 듭니다.

"내 혀가 그녀의 클리토리스 위에 있어요. 내 혀가 내 손가락을 대신하죠. 내 입이 그녀의 보지 속으로 들어갑니다."

여자를 사랑하고 여자의 보지를 사랑한다는 것, 그들을 알고 만지는 것, 우리의 존재와 욕구에 친밀해지는 것. 우리 자신을 만족시키기 위해 우리의 연인들에게 우리를 사랑하는 법을 가르쳐주고 우리의 보지 속에 존재하기를 바라고 보지에 대해 큰 소리로 이야기하고 그들의 굶주림과 고통과 외로움과 웃음에 대해서 이야기하고 보지의 존재를 세상에 알려서 더 이상 그들이 어둠 속에서 유린당하지 않도록 해야 우리의 보지가 우리의 중심이 되고 우리의 극점이 되고 우리의 원동력이 되고 우리의 꿈이 될 수 있습니다. 우리의 보지가 더 이상 우리 자신과 유리되지 않도록 절제당하지 않고 무감각해지고 찢어지고 외면당하거나 수치심에 휩싸이지 않도록.

"당신은 보지 속으로 들어가는 것부터 이야기해야 해요." 그녀가 말했습니다. "물론이에요." 내가 말했지요. "들어오세요."

나는 지난 2년간 이 공연을 해왔습니다. 그러나 어느 순간 여성의 보지에 대한 연극을 하면서 출산 이야기가 빠졌다는 사실을 깨달았습니다. 참으로 기가 막힌 누락 아닙니까? 그래서 어느 기자한테 출산 이야기가 빠졌다고 했더니 그 남자 기자는 되레 내게 묻더군요. "그게 무슨 상관이 있어요?"

2년 전 나는 동년배인 딜란을 아들로 입양했습니다. 딜란과 시바 부부는 작년에 아이를 낳았습니다. 그들은 나에게 출산 때 자리를 같이해줄 것을 요청했습니다. 나는 몇 년 동안 보지에 대한 인터뷰를 계속하고 이 공연을 하면서 사실은 내가 보지를 완전히 이해하지 못했다는 사실을 깨달았습니다.

  나에게 보지란, 내 손녀딸 콜렛이 태어나기 전에는 경이로운 무엇이었다면, 출산으로 태어난 아이를 본 이후에는 숭배로 바뀌었습니다.

나 그 방 안에 있었네

| 시바를 위하여 |

그녀의 보지가 열리던 그때 나 거기 함께 있었네.
그녀의 어머니, 그녀의 남편,
그리고 나, 우리 모두 함께 거기 있었네.
우크라이나에서 온 간호사는
전능한 손으로 고무장갑을 끼고
그녀의 보지를 느끼고 뒤집으면서
늘상 있는 일처럼 우리에게 말을 걸었네.
수도꼭지라도 트는 듯이 익숙한 솜씨로.

나 거기 있었네.

그녀가 진통을 시작하고
고통을 못 이겨
네 발로 엉금엉금 기며
이상한 신음소리를 내지를 때
그리고 한참이 흐른 뒤에
그녀가 갑자기 포효하듯 소릴 지르고
번개를 치려는지 허공을 향해 팔을 휘두를 때도
계속 거기 있었네.

나 거기 있었네.
그녀의 보지가 부끄럽고 섹시한 구멍에서
빠져나오길 고대하는 아이를 담고 있는
태고의 동굴로, 신성한 배로,
베네치아의 수로로,
깊은 우물로 바뀌는 것을 지켜보았네.

나 그녀의 보지 색깔이 바뀌는 것을 보았네.
찢기고 상처 난 푸른색,
터진 토마토처럼 붉은색,
회색빛 감도는 분홍 그리고 어둠.

가장자리를 따라 땀처럼 흘러나오는 피를 보았네.
노랗고 하얀 액체 배설물이 덩어리져
모든 구멍을 밀며 더 세게 더 세게
밀며 밀려나오는 것을 보았네.
동굴 저 안쪽에서
아기의 머리가 나오는 것을 보았네.
엉클어진 검은 머리칼을 보았네.
바로 거기
뼈 뒤에 있는—원형의 기억.
우크라이나 출신 간호사가
그녀의 미끄러운 손을
돌리고 돌리고 돌리는 동안.

나 거기 있었네.
그녀의 어머니와 내가
그녀의 다리를 붙잡고
죽을 힘을 다해 벌렸네.
그녀의 남편은 엄숙한 목소리로
'하나, 둘, 셋' 헤아렸네.
그녀에게 더 힘을 주라고

조금만 더 집중해서 힘을 쓰라고 말하면서.
그때 우리 모두
그녀의 안을 들여다보았네.
우리는 그곳에서
다른 어느 곳에도 눈을 돌릴 수 없었네.

그때 우리는 모두 보지에 대해서 잊어버렸네.
어떻게 말을 해야 하나.
경이도 없고, 기적도 없는.

나 거기 있었네.
의사가 이상한 나라의 앨리스 숟가락을 들고
그녀에게 왔을 때,
그녀의 보지는 거대한 오페라의 입이 되어
온 힘을 다해 노래하고 있었네.
처음 그 작은 머리
다음 회색빛 흐늘거리는 팔
빠르게 수영하는 듯이
아기의 몸 전체가
눈물을 흘리며 울고 있는

우리들의 팔 안으로 재빠르게 미끄러져 왔네.

나 거기 있었네.
고개를 돌려
그녀의 보지를 바라보았네.
거기 서서 온통 널려져 모든 것을 내놓고
잘리고 부어오르고 찢긴 채
말없이 그녀의 보지를 꿰매는
의사의 손을 피범벅으로 만들면서
온 군데 피를 흘리고 있는 그녀를 바라보았네.

나 거기 서 있었네, 그녀를 바라보며.
태고의 동굴 그녀의 보지는 갑자기 커다랗고 둥근,
맥박치는 붉은 심장이 되었네.

심장은 희생할 수도 있다네.
여자의 보지도 그렇다네.
심장은 용서할 수도 재생할 수도 있다네.
심장은 노앙을 바꾸이
우리를 안에 집어넣을 수도 있다네.

자신을 확장해 우리를 밖으로 내놓을 수도 있다네.

여자의 보지도 그렇다네.

우리를 대신해 고통을 느낄 수도,

우리를 대신해 확장할 수도,

우리를 대신해 죽을 수도 있다네.

피를 흘리고, 피를 흘리며

우리를 이 힘들고도 경이로운 세상과 만나게 한다네.

여자의 보지도 그렇다네.

나 거기 방 안에 있었네.

나 모든 것을 기억하네.

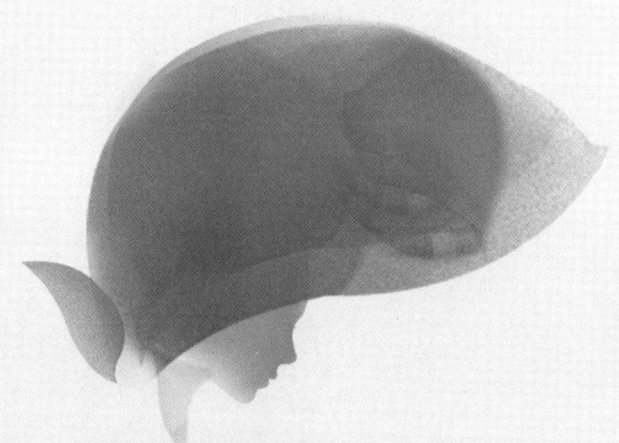

스포트라이트 모놀로그
SPOTLIGHT MONOLOGUES

　다음의 독백들은 브이데이 스포트라이트 행사를 위해 씌었습니다. 또한 세상에서 여성들이 위험에 처하고 강간당하고 살해당하고 버려진 상황, 단순히 여성임을 허용당하지 못하는 상황 하에서 씌었습니다. 여성들이 고통당하는 이야기를 함으로써 그들이 치유되는 것이 나의 희망입니다. 지운 것들을 보이게 함으로써 그들은 영원히 보이게 될 것이고 자랑스럽게 여겨지고 보호받을 것입니다.

그녀 얼굴의 기억

| 에스더를 위하여 |

이슬라마바드

그들은 모두 무언가 끔찍한 일이

일어날 것을 알고 있었다

매번 그가 집에 올 때마다

그가 사용했던 물건들

첫 번째로

그는 가장 가까이 있는 것을 움켜쥐었다

그는 냄비를 잡았다

그는 그녀의 머리를 내리쳤다

그는 그녀의 오른쪽 눈을 세게 쳤다

두 번째로

그는 잠시 생각을 하고

쉬었다

벨트를 풀었다

그녀는 두 넓적다리 안에 보지가 있다

세 번째로 그는 그녀를 다치게 하는 데

더 열중하고 싶어했다

그래서 그는 주먹으로 그녀를 두드려 팼다

그는 그녀의 코를 부러뜨렸다

그들은 그녀의 비명소리를 들었다

그들은 그녀가 비는 소리도 들었다

그들은 간섭하지 않았고

간섭하지 않으려 했다

그녀는 그의

쓰이지 않은 법률이었다.

그녀가 무슨 짓을 했냐고 묻지 마라

그를 성나게 하는 것은

단순히 그녀의 얼굴이다

그저 더 갈구하는 듯한 얼굴인 것이다

충분히 참았다고 생각한

마지막 순간에

그는 그것을 없애버리고자 계획했다

그는 미리 산酸을 준비했다

그는 그것을 병에다 따랐다

그녀는 그들이 먹을 음식을 사려면

돈이 필요하다고 말했다

그녀는 그렇게 보였다.

그렇게. 그렇게. 그렇게.

그녀의 얼굴은 없어졌다

완전히 녹아 없어졌다

당신에게 보이는 건 눈뿐이다

그게 전부다

끈적끈적한 살덩어리 속에 파묻혀 있는 눈뿐

나는 그녀가 이 난리 속에 거기 있었기 때문에

이 이야기를 말하는 것이다

그 괴물 같은 얼굴 속에

그녀 자존심의 죽음 속에

그녀를 아무 존재도 아니게 만들려는 그의 바람 속에

맹세고, 그녀는 저기에 있다

나는 그녀가 헐떡이는 소리를 들었다

나는 그녀의 한숨 소리를 들었다

나는 그녀가 무언가 중얼거리는 소리를 들었다

한때 그녀의 입이었던 어떤 것으로

나는 맹세코

그녀의 소리를 들었다.

그녀는 거기 살고 있다.

후아레즈

모든 여성은 검고 특별하고 젊다

모든 여성은 갈색 눈을 갖고 있다

모든 여성이 사라졌다

열 달 동안 실종된 한 소녀가 있다

그들이 그녀를 데리고 갔을 때

그녀는 열일곱 살이었다

그녀는 마킬라도라 _{값싼 노동력을 이용하는 멕시코의 외국계 공장}에서 일했다

그녀는 자신은 결코 살 수 없는 제품들에

수천 개의 쿠폰을 찍었다

하루에 4달러를 지불하고

그들은 그녀를 버스에 태워

사막으로 데리고 갔다

얼어붙는 추위 속에 잠들기 위해

그들은 그녀를 데리고 갔다

버스로 가는 길이었을 것이다

밖은 깜깜했을 것이다

아침까지 계속되었을 것이다

그들이 그녀에게 무슨 일을 했든

그것은 계속되고 계속됐을 것이다

당신은 손이나 젖꼭지가 없이 나타난

다른 사람들을 보고 알 수 있다

그것은 계속되고 계속됐을 것이다

마침내 그녀가 다시 나타났을 때

그녀는 뼈 뼈

뼈뿐이었다

그녀의 오른쪽 눈 위에 있던

귀여운 사마귀도 사라졌다

장난스러운 미소도, 웨이브진 검은 머리도

뼈로만 그녀는 뼈로만 돌아왔다

그녀외 다른 사람들

모두 아름다운

모두 시작하는
모든 쿠폰들
모든 얼굴들
다 사라졌다
300개의 얼굴이 사라졌다
300개의 코가
300개의 뺨이
300개의 꿰뚫는 듯한 검은 눈동자가
300개의 미소가
300개의 물라토 혼혈 뺨들이
막 말하려던
막 이야기하려던
막 소리치려던
300개의 굶주린 입들이
사라지고 이제 뼈로만

나는 식당에서
그녀가 차도르를 들어올릴 때
그녀를 외면하고자 했다
그들이 시체공시소에서

그녀의 머리뼈를 감추고 있는
플라스틱 덮개를 들어올릴 때
나는 외면하고자 했다.

부르카 아래서

| 조야를 위해 |

(이 글은 단순히 부르카에 대한 것만은 아닙니다. 부르카를 입는 것은 명백히 문화의 문제이고 선택의 문제입니다. 이 글은 여성의 선택권이 없는 시공간에 관한 것입니다.)

마치 당신이 남부끄러운 동상이라도 되는 양
당신의 몸 전체를 뒤덮는
거대한 검은 천을 상상해보라
한줄기 빛밖에 없다고 상상해보라
다른 사람들은 아직도
대낮이라는 것을 알 수 있을 만큼의 빛

날씨가 덥다고, 아주 덥다고 상상해보라

당신이 천 속에 갇혀 있다고 상상해보라

어둠 속에서 천 속에서 익사한다고

이불 속에서 애원하고 있다고 상상해보라

그 속에서 천에 손이 닿는다

손은 덮여 있고 다듬어지지 않고

보이지 않아야 한다

그렇지 않다면 내려쳐지거나

잘릴지도 모른다

당신의 보이지 않는 손에

아무도 루비반지를 끼워주지 않는다고 상상해보라

아무도 당신의 얼굴을 보지 못하기 때문에

그렇기 때문에 당신은 존재하지 않는다

당신의 아이들을 찾을 수 없다고 상상해보라

비록 그것이 중매결혼일지라도

당신이 유일하게 사랑한

당신의 남편을 그들이 덮쳤기 때문에

그들이 와서 그의 총으로 그를 쏘았기 때문에

당신은 그를 방어하려 하고

네 남자가 등 뒤에서 당신을 덮친다

소리치는 당신의 아이들 앞에서

당신이 미쳤다고 상상해보라

그러나 당신은 당신이 미쳤다는 사실을 알지 못한다

당신은 이불 속에서 살고 있었기 때문에

그리고 당신은 몇 년 동안 태양을 보지 못했기 때문에

그리고 당신은 길을 잃었고

당신은 당신의 두 딸의 얼굴을 희미하게 기억할 뿐이다

마치 꿈속에서 하늘을 기억하듯이

말하는 대신 중얼거린다고 상상해보라

어둠 속에서 말은 더 이상 의미를 지니지 못하기 때문에

그리고 당신은 울지도 못한다

그곳이 너무도 덥고 너무도 젖었기 때문에

수염 난 남자들을 오로지 그들의 냄새로만

알아챌 수 있다고 상상해보라

당신의 양말을 검사하고 당신을 때리는

그들이 백인이기 때문에

당신이 볼 수 없는 사람들 앞에서

채찍질을 당한다고 상상해보라

그렇게도 심하게 모욕을 당한다고 상상해보라

거기에는 기억할 수 있는 얼굴도 없고

그리고 공기도 없다. 거기는 더 어두워졌다
주변에 보이는 것이 아무것도 없다고 상상해보라
그래서 상처 입은 짐승처럼
당신은 자신을 방어할 수도 없다
심지어 바로 옆으로 날아오는 주먹도 피할 수 없다
당신의 나라 전체에
웃음이 금지되었다고 상상해보라
그리고 음악이
당신이 들을 수 있는 유일한 소리는
감싸이고 억제된 소리
아니면 그들의 옷 속에서 어둠 속에서
채찍질당하는 다른 여성들의 울음소리
삶과 죽음 사이에서 더 이상
당신이 그것을 구분할 수 없다고 상상해보라
그래서 당신은 자살하려는 생각마저 멈추었다
삶과 죽음이 차이가 없이 중복되기 때문에
당신이 살 곳이 아무 데도 없다고 상상해보라
당신이 거리를 방황하는 동안
당신의 지붕은 옷이다
그리고 이 무덤은

매일매일 더 작아지고 더 냄새난다
당신은 물건들 속으로 걸어들어가기 시작한다
당신이 숨 쉬고 있으면서
질식한다고 상상해보라
새장 안에서
중얼거리고 소리치지만
아무도 듣지 않는다고 상상해보라
내가 당신이 있는 그 어둠 속에
있다고 상상해보라
나는 거기 갇혀 있다
나는 길을 잃었다
거기 옷 속에서
그것은 당신의 머리
우리가 함께 나누는 어둠 속에서
당신이 나를 볼 수 있다고 상상해보라
나도 한때 아름다웠다
검고 커다란 눈
당신은 나를 알 것이다

그들은 내 소년에게서 나온 소녀를 때렸다……
아니면 그러려고 했다

| 칼페르니아와 안드레아를 위하여 |

다섯 살 적에
난 내 여동생의
기저귀를 갈아주고 있었다
난 그녀의 보지를 보았다
나도 그런 걸 원했다
나도 그런 걸 원했다
난 그게 자랄 줄 알았다
난 그게 열릴 줄 알았다
나는 소속되기 위해 몸살을 앓았다
나는 엄마 같은 냄새를

풍기고 싶어 몸살을 앓았다

엄마 냄새는 내 머리에서도

내 손에서도, 내 피부에서도 났다

나는 예뻐지고 싶어 몸살을 앓았다

예뻐지고 싶어

바닷가에서 왜 나는

수영복 윗도리가 없는지 이상하기만 했다

나는 왜 다른 소녀들처럼 입을 수 없는지

나는 완전해지고 싶어 몸살을 앓았다

나는 배턴을 갖고 노는 소녀들에게

소속되기 위해 몸살을 앓았다

내가 태어난 날

그들은 나에게 하나의 성을 부여했다

그건 입양되는 것처럼 무작위다

아니면 호텔에서 13층 방을 배정받은 것처럼 무작위다

그것은 당신이 누구인가와는

또는 당신의 고소공포증 따위와는 아무 상관이 없다

그러나 나에게 강제로 배당된

페니스를 매달고 다닐지라도

나는 언제나 내가 소녀인 줄 알았다

그들은 그것 때문에 나를 때렸다

그들은 내가 운다고 나를 때렸다

그들은 내가 만져보기를 원한다고

나를 연이어 강타했다

어루만지기를 원한다고

끌어안기를 원한다고

도와주기를 원한다고

그들의 손을

붙잡기를 원한다고

베르트릴 수녀처럼

교회에서 날려고 한다고

재주넘기를 하려고 한다고

양말 뜨개질을 한다고

유치원에 지갑을 가지고 다닌다고

그들은 나를 매일 죽도록 두드려 팼다

학교 가는 길에

공원에서

매직펜으로 칠한 내 손톱을 후려쳤고

립스틱 바른 내 입술을

쥐어박았으며

내 소년에게서 나온 소녀를 때렸다
아니면 그러려고 했다
그래서 나는 지하로 숨어들었다
나는 플루트 불기를 멈췄다
"사내답게 굴어, 너 자신을 위해 일어나
가서 그를 때려봐."
나는 수염을 길렀다
나는 다행히 몸집이 컸다
나는 해병대에 입대했다
"추월해서 계속 운전해."
나는 점점 더 둔해졌고
그리고 진저리가 났다
때때로 잔인해졌다
사내가 되어라
사내가 되어라
사내같이 굴어라
항상 이를 악물었고, 부정확했고
불완전했다
집에서 도망쳤고
학교에서 도망쳤고

신병훈련소에서 도망쳤다.

마이애미로 도망갔다

그리니치빌리지

알류샨열도

뉴올리언스

나는 게이들을 발견했고

황무지의 레즈비언들도 만났다

첫 번째 호르몬주사를 맞았고

나 자신일 수 있도록 허락을 받았다

전환하기로

여행하기로

이민하기로

350시간의 뜨거운 주사들

나는 죽어가는 남성분자들을 셀 수 있었다

남자의 머리카락 열여섯 개가 빠졌다

여성스러운 것은 당신의 얼굴에 있다

나는 눈썹을 더 올렸다

나는 호기심에 찼고

질문을 하기 시작했다.

그리고 내 목소리

연습하고 연습하라
모든 것이 공명이다
노래하고 노래하라
남자들은 지루하고 납작하다
남부 액센트는 정말로 탁월하다
유대인 액센트도 정말로 도움이 된다.
"안녕 나의 친구"
그리고 내 보지는 훨씬 더 친절하다
난 그것을 소중히 여긴다
그것은 나에게 기쁨을 준다
오르가슴은 파도처럼 물결치며 온다
그들이 변덕을 떨기 전에는
나는 옆집에 사는 소녀이다
내 중령 아버지는
그 값을 치러야만 했다
내 보지
내 엄마는
이런 일이 생기게 만든 자신을
사람들이 어떻게 생각할까 걱정했다
내가 교회에 갈 때까지

모두들 아름다운 딸을 두셨네요 하고

말할 때까지 걱정했다

나는 소속되고자 했다

나는 부드러워져야 했다

나는 듣도록 허락받았다

나는 만질 수 있게 되었다

나는 받아들일 수 있게 되었다

현재시제에 산다는 것

사람들은 이제 나에게 훨씬 더 친절하게 대한다

나는 아침에

머리를 포니테일로 묶고

일어날 수도 있다

잘못된 것이 제대로 돌아왔다

나는 신과도 조화로울 수 있다

그것은 마치 당신이 잠들려 할 때

커다란 자동차 경적음이 들리는 것과 같다

내가 내 보지를 얻었을 때

마침내 어떤 이가 그 경적음을 끈 것과도 같다

나는 이제 여성의 영역에 산다

그러나 당신은 이민자들이 어떻게 느끼는지를 알 것이다

사람들은 어딘가 다른 곳에서 온
사람을 좋아하지 않는다
사람들은 당신이 섞이는 것을 좋아하지 않는다
그들은 내 남자친구를 죽였다
그들은 그가 잠들어 있는데도
그를 미친 듯이 때렸다
야구방망이로
그들은 그의 머리에서 나온
그 소녀를 때렸다
그들은 그가 외국여자와
데이트하는 것을 원치 않았다
비록 그녀가 아름답다 하더라도
그리고 그녀가 들을 줄 알고
매우 친절하다 할지라도
그들은 그가 모호함과
사랑에 빠지는 것을 원치 않았다
그들은 그만큼 사랑을 무서워하고 있었다.

(이 글은 미국 전역의 트랜스젠더 여성들과의 인터뷰를 바탕으로 씌었습니다.)

비뚤게 땋은 머리

| 오글라라 라코타 네이션의 여성들을 위하여 |

1

그는 밖으로 나가고 싶어했다.

그는 나에게 말했다 "너는 집에 있어"

나는 말했다 "나도 나가고 싶어"

그는 말했다 "아기가 있잖아"

나는 말했다 "우리 아이야"

나는 아기를 바닥에 눕혔다.

그는 아마도 내 긴장을 느꼈을 것이다

그가 투널서텄기 때문이다

아기

난 쳐다봤다

그러자 그는 내 뺨을 쳤다, 내 남편.

눈에 시퍼렇게 멍이 들 정도로 세게는 아니었다.

그건 나중에 왔다.

그건 찰싹 때린 것이었다,

가정에서 흔히 벌어지듯이 세게 찰싹.

그는 나를 쳐다보았다.

그는 미소 짓고 있었다.

난 믿을 수가 없었다.

그는 미소 짓고 있었다.

그는 다시 내 뺨을 갈겼다.

그의 아버지는 그의 엄마에게 악마같이 굴었다.

나는 그가 미소 짓고 있는 것도 보았다.

그것이 도대체 무엇일까?

그는 가장 좋은 사람이었다.

그는 검고 긴 머리를 가졌다.

우리가 사랑할 때 그 머리는

앞에서 흐트러졌다.

2

그는 나를 저녁식사에 데리고 갔다

그는 나에게 그의 상사와 같이 나가라고 했다.

나는 가고 싶지 않았다.

그는 테이블 밑에서 나를 걷어찼고

행복하게 보이라고 말했고

미소 지으라고 말했다.

난 미소 지었다.

그가 다시 나를 찼다,

그리고 누구와 씹하려고 했느냐고 물었다

그리고 아무 놈한테나

다가가는 걸 멈추라고 말했다.

나는 미소 짓기를 멈추었다.

그가 다시 나를 찼다.

이게 계속되고 계속됐다.

식당 밖에서

그는 내 머리채를 잡아채고

길가까지 질질 끌고 갔다.

눈이 오고 있었다.

그는 나를 눈 속에 처박았다.

그는 나를 도랑 속에 처박고 짓이겼다.
눈이 녹고 있었다.
질퍽거렸다.
내 머리가 피를 흘리는 것만 같았다.

3
그는 술을 마시고 있었다.
나도 마찬가지였다.
필름이 끊긴 게 틀림없다.
나는 다섯 번의 뇌수술 후에
병원에서 깨어났다.
내 머리카락이 없어졌다.
그들이 머리를 밀었기 때문이다.
나는 팔을 움직이는 것도
말하는 것도 다시 배워야 했다.
나는 아침식사를
어떻게 만드는지를
기억해내는 데 넉 달이 걸렸다.
나는 프라이팬에 계란을
베이컨과 함께 넣는다는 것은 기억했다.

나는 계란이 맞다는 것은 알았다
그렇지만 그것을 요리하기 위해
어떻게 깨야 하는지를 기억하지 못했다.
프라이팬 위의 깨지 않은 계란처럼
내 머리도 대머리였다.

4

18년 동안
그는 나를 때렸다.
아침에
그가 다시 좋은 사람으로 돌아왔을 때
나는 그의 긴 머리를 땋아줬다.
마음을 다해 돌본다는 듯이
시간을 들여서
그리고 머리가 완벽하게 비뚤어지도록
땋아줬다
머리가 모두 미친 듯이 일어서도록 땋아줬다
그러면 그는 다 잊어버리고 나갔다
내 얼굴에 든 멍이
그의 지문이라도 되는 양

그는 거리에서 건방지게 걸었다.
길 위의 모든 잘난 마초들처럼
그러나 그의 땋은 머리는 너무나 비뚤어져서
바보처럼 무언가 잘못되어 보였다.
그게 나를 그렇게 행복하게 만들지 말아야 했다.
그게 정말로 나를
행복하게 만들진 말아야 했다.

5
그가 다른 여자와
나갔다는 소리를 들었다
섹스를 하며 그녀는
그녀의 몸 위에서 절정에 이른
그의 머리를 흩트려놓았다.
그는 한참 후에 집에 왔고
그의 머리는 제대로 꼼꼼하게
땋여 있었다.
그는 술에 취해
고주망태가 되어 있었다.
그가 코를 골자

나는 일어서서

가위를 들고

천천히 그에게로 갔다

그리고 그의 땋은 머리를 잘라버렸다

완벽하게 잘라서

그것을 그의 손 위에 올려놓았다

그는 깨어나자 놀라서 소리쳤다

"씨팔 이게 뭐야?

널 죽여버리고 말 거야"

그가 소리치며 일어났지만

내가 그의 구두끈을 함께 묶어버렸기 때문에

그는 달릴 수 없었다.

난 3년 동안 그에게 돌아가지 않았다

그의 머리가 다시 자라났다는 소식이 들릴 때까지.

6

나는 그와 섹스하고 싶지 않았다.

그는 취해 있었다.

나는 그에게

그저 고깃덩어리에 불과했다

구멍.
나는 잠든 것처럼
가장하려고 했다.
그는 팔꿈치로 나를 쳤고
나를 잡아당겼고
나를 끌어냈다.
나는 그저 참아보자고 생각했던 것이 기억난다.
그는 발기되지 않았고
계속 펌프질을 해대고
마침내 내가 아플 때까지
또 펌프질을 해댔다.
나는 말했다. "기분이 좋지 않아."
그는 말했다. "어느 놈이랑 있었어?
그 놈이 나보다 더 컸어?
좋았어?"
당신은 사자와 함께 있는 쥐같이 느낀다.
당신은 문까지 빠르게
움직여야 한다.
그는 나를 천조각처럼 들어올린다.
그의 눈동자는 풀려 있다.

나는 내 아들의 울음소리를 듣는다,
그 아이의 입이 벌어져 있고
목젖도 열려 있다.
그의 목젖이 보인다.
내 남편은 나를 개 패듯 팬다.
그는 내 검고 긴 머리채를 손아귀에 움켜쥐고
잡아당긴다.
나는 내 아들을 잡으려고 노력한다.
"그 애는 더 이상 네 아들이 아니야."
그가 내 머리를 손에 쥔 채 말한다.
"그 애는 더 이상 네 아들이 아니야."

이제 그는
한밤중에 울면서
나에게 전화를 한다.
그는 아내를 때릴 생각이 없었다.
그는 그녀를 버릴 생각이 없었다.
그는 죽고 싶어한다.
그는 그의 엄마가 살았던 삶을 잘 안다,
그러나 그는 내 아들을 멈출 수 없다.

그들은 우리의 땅을 빼앗았다.

그들은 우리의 방식을 빼앗았다.

그들은 우리의 남자들을 빼앗았다.

우리는 그들을 되돌려받기를 원한다.

(이 글은 파인리지 보호구역의 인디언여성들과의 인터뷰를 바탕으로 씌었습니다.)

말하라

| 위안부* 여성들을 위하여 |

우리의 이야기들은 우리의 머릿속에서만 존재한다

유린당한 우리의 몸속에서만

전쟁의 시간과 공간 안에서만

그리고 텅 빔

문서 자취도 없다

어떤 공식적인 기록도 없다

---

* 위안부는 1932년부터 1945년까지 일본군에 의해 납치당하여 성노예가 된 여성들을 지칭한다. 당시 중국, 대만, 한국, 필리핀, 인도네시아, 말레이시아, 네덜란드, 동티모르에서 5만에서 20만 명으로 추산되는 여성들이 강제 동원되었다. -글쓴이

오로지 양심뿐
오직 그것뿐

우리가 약속받았던 것들:
내가 그들과 함께 가면 아버지를 살릴 수 있다
직업을 얻을 수 있다
나라를 위해서 일할 수 있다
내가 가지 않으면 나를 죽일 거다
거기가 더 좋을 거다

우리가 발견한 것들:
산도 없었고
나무도 없었고
물도 없었고
황사
사막
눈물 가득한 창고
수천 명의 걱정 많은 소녀들
내 땋은 머리는 잘려나갔고
팬티를 입을 시간도 없었다

우리가 강제로 해야 했던 것들:

이름을 바꿔야 했고

단추가 쉽게 열리는

자루 같은 원피스를 입어야 했고

하루에 오십 명의 일본군인들이

때로는 배로 군인들이 실려왔다

이상스럽게 야만스러운 일들

피 흘릴 때도 하라

피 흘리기 전 어릴 때 하라

그들은 너무도 많았다

어떤 이들은 옷도 벗지 않았다

그저 그들의 자지를 꺼낼 뿐이었다

너무 많은 남자들을 받아 나는 걸을 수조차 없었다

다리를 뻗지도 못했다

몸을 굽히지도 못했다

아무것도 할 수 없었다

그들이 우리에게 반복해서 한 것들:

욕하고

때리고

뒤틀고

피투성이가 되도록 속을 뒤집어놓고

소독하고

약을 주사하고

때리고

구멍을 내고

우리가 본 것들:

욕실에서 화학약품을 마신 소녀

폭탄에 맞아 죽은 소녀

총으로 수도 없이 맞은 소녀

벽에 머리를 박은 소녀

익사하도록 강물에 던져진

영양실조 걸린 소녀의 몸

우리에게 허락되지 않은 것들:

몸을 씻는 것

돌아다니는 것

의사에게 진찰받는 것

콘돔을 쓰는 것

도망가는 것

아기를 지키는 것

하지 말라고 말하는 것

우리가 얻은 것들:

말라리아

매독

임질

사산

결핵

심장병

정신발작

우울증

우리가 먹은 것들:

밥

된장국

무절임

밤

된장국

무절임

밥 밥 밥

우리가 된 것들:

파괴되고

도구가 되고

불임이 되고

구멍이 되고

피범벅이 되고

고깃덩어리가 되고

추방되고

침묵당하고

홀로 되고

우리에게 남은 것들:

아무것도

결코 회복되지 못할 충격을 받고

죽은 아버지

무임금

상처들

남자에 대한 증오

자식도 없고

집고 없고

한때 자궁이 있던 곳은 텅 비었고

술주정뱅이가 되고

담배를 피우고

죄의식과

수치심만

우리에게 붙여진 이름들:

위안부

타락한 여자들

우리가 느낀 것들:

내 가슴은 지금도 떨리고 있고

빼앗긴 것:

봄

내 삶

우리는 지금:

74세

79세

84세

93세

눈 멀고

느리지만

준비돼 있다

매주 수요일 일본대사관 앞에서

더 이상 두려워하지 않으며

우리가 원하는 것:

지금 당장

우리가 가기 전에

우리의 이야기가 이 세상을 떠나기 전에

우리의 머리가 떠나기 전에

일본정부여

말하라

제발

위안부 여성들에게 미안하다고

나에게 말하라

나에게 미안하다고 말하라

나에게 미안하다고 말하라

나에게

나에게

나에게

말하라.

미안하다고 말하라

미안하다고 말하라

나에게 말하라

나에게 말하라

말하라

미안하다고.

(이 글은 위안부 피해 여성들의 증언을 바탕으로 씌었습니다.)

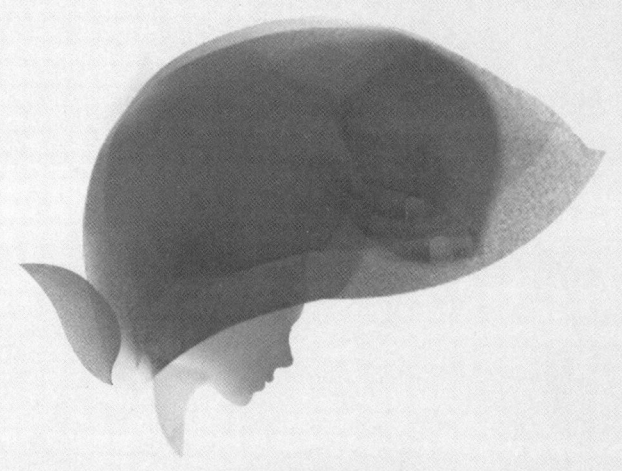

브이데이

V-DAY

브이데이: 여성의 이야기를 바꾼 10년

브이데이 총 책임자 수잔 셀리아 스완과 세실 리프워스
브이데이 프로그램과 캠페인 담당자 퍼바 팬데이

소문내기

오늘날 전세계적으로 여성 3명 중 1명은 살면서 육체적인 폭력이나 성폭력을 경험한다. 보통 이 폭력은 친척, 이웃, 권력이 있는 상사나 어른 등 그 여성과 안면이 있는 사람에 의해 행해진다. 종교적, 민족적 또는 경제적 이유로 불붙은 무장 갈등이나 불안정한 정세에서 이러한 폭력의 위험성은 더욱 극대화된다. 강간이나 유기, 성노예가 전쟁무기로 사용되는 경우가 증가하고 있기 때문이다.

비록 폭력의 원인은 다를지라도 이러한 폭력을 당하고 살아남은 여성들은 비극적이게도 유사한 반응을 보인다. 그들이 살아남은 이야기에는 고통 외에도 힘이 뚜렷하게 드러나며, 문화와 지리적 위치를 떠나서 동일한 주제가 울려퍼진다. 그 주제란 당국의 무관심, 사건을 부정하고 비밀에 부치는 가족적인 본능, 수백만의 여성들 각자가 매일 경험하는, 폭력에 대한 공분의 부재이다.

1998년에 창립된 브이데이는 여성과 소녀 들에게 행해지는 모든 종류의 폭력을 근절시키기 위한 풀뿌리활동가들의 세계적인 운동이다. 이 폭력에는 구타, 강간, 근친강간, 음핵절제와 성노예제 등이 포함된다. 브이데이 활동가들은 이러한 폭력을 근절시키기 위해서는 모든 단체들이 그것들을 범죄로 규정해야 한다고 믿는다. 브이데이 활동가들은 여성에게 행해지는 폭력을 허용하는 공적이고 사적인 침묵 모두를 깨기 위해 노력한다. 우리의 작업은 세 가지 핵심적인 신념에 근거하고 있다. 첫째, 예술은 생각을 변화시키는 힘이 있으며 사람들이 행동하도록 영감을 준다. 둘째, 지속적인 사회·문화적 변화는 비범한 일을 하는 평범한 사람들에 의하여 퍼진다. 셋째, 지역 여성들은 그들의 지역사회가 필요로 하는 것이 무엇인지를 알며 누구도 멈출 수 없는 지도자가 될 수 있다. 브이데이는 변화의 횃불이며 촉매이다. 브이데이의 브이는 **빅토리**Victory와 **발렌타인**Valentine 그리고 **버자이**

너Vagina의 브이를 의미한다.

브이데이는 이브 엔슬러의 연극 〈버자이너 모놀로그〉 자선공연을 통해 행동으로 이끈다. 전세계의 브이데이 활동가들은 창조성과 기쁨, 경외심과 전망을 가지고 그들의 지역사회에서뿐만 아니라 전세계적으로 여성들과 소녀들에게 행해지는 폭력을 근절시키기 위한 인식을 확산시키고 그를 위한 기금을 마련한다. 브이데이 행사는 미국의 50개 주와 전세계 119개 국가에서 치러졌다. 1998년 이래 자원활동가들에 의해 미국과 세계 각국에서 수천 가지 자선공연이 벌어졌다.

공연은 그저 시작일 뿐이다. 브이데이는 대규모 자선공연을 무대에 올리는 한편, 여성폭력을 허용하는 사회적 태도를 변화시키고 교육시키기 위해 선구적인 모임, 영화, 캠페인 등을 만들어내고 있다. 국가로부터 면세 단체로 지정된 브이데이 운동은 지난 10년간 5000만 달러의 기금을 마련하였으며 여성폭력 문제에 대해 수백만 명을 교육시켰고 그 폭력을 근절시키기 위해 노력했다. 국제적 매체들에 등장했고 교육프로그램인 공익광고 캠페인을 실시했다. 중동에 카라마Karama 프로그램을 시작했고 쉼터를 다시 열었다. 케냐, 사우스다코타, 이집트, 이라크, 아이티, 콩고에서 5000개 이상의 단체들이 모여 만든 반폭력 프로그램들에 기금 협찬을 하고 안전한 쉼터를 개설했다.

오늘날 브이데이는 하나의 물리적인 장소라기보다는 차라리 사람들의 가슴과 마음에 깃든 무엇이다. 주목할 만한 점은 8명의 직원이 모인 작은 단체인 '브이의 핵심V-Core'이 본거지로부터 전세계적으로 인프라를 연결시키고 정보를 제공하며 브이데이 네트워크의 수백만 활동가들을 위해 일하고 있다는 것이다. 그래서 브이데이는 해외 비용을 놀랄 만큼 싸게 유지할 수 있고, 따라서 모금된 달러당 94센트를 다른 활동에 쓸 수 있다.

브이 위원회는 연예계와 비즈니스계, 사기업계에 종사하는 놀라운 여성들로 이루어져 있다. 또한 지칠 줄 모르고 오랫동안 함께해온 자원활동가들의 작은 단체인 음문 성가대도 있다. 이들은 그들의 다양한 능력을 브이데이 운동에 제공하며 중요한 지원을 아끼지 않는다. 브이데이의 창립자이며 예술감독인 이브 엔슬러 역시 자원활동가로서 브이데이를 위한 활동에 결코 돈을 받은 적이 없다.

브이데이는 수백만을 위한 변화와 희망의 독특한 모델로서 작동한다. 브이데이는 강력한 자선활동을 통해, 남성과 여성 모두에게 지역사회에서 폭력을 종식시키기 위한 도구들을 제공하며 여성과 소녀 들을 안전하게 지키기 위한 가능성 있는 해결책들을 내놓는다. 10년이라는 짧은 시간 동안 브이데이는 힘들게 얻은 승리들을 거둘 수 있었으며 평화와 정의를 위한 국제적 공동체를 세움으로써 세계적으로 강력한 충격파를 남길 수 있었다. 그것은 고정된 생각들을 풀게 하였으며, 어떻게 한때는 받아들일 수 있었던 일이 더 이상 양심에 용납되지 않는 일이 되는지를 보여주었다.

브이데이는 폭력을 끝내기 위한 싸움이 끝나지 않았다는 것을 상기시킨다. 브이데이는 비난하기보다는 해방시킴으로써 회복과 변화의 수단이 되는 운동이다. 이 운동은 폭력의 문화를 변화시킴으로써 올바른 길로 가는 단계별 힘을 얻는다.

처음에는

1994년, 뉴욕에 기반을 둔 극작가이자 배우이며 활동가인 이브 엔슬러는 200명이 넘는 다양한 여성과 인터뷰한 내용을 토대로 정직하고 가슴 아프며 유머러스한 이야기를 썼다. 연극 〈버자이너 모놀로그〉는 1996년 이브 자신이 처음으로 공연하여 매진 사례를 기록하며 즉각 찬사를 받았고 (오비상을 비롯한) 많은 상을 받기도 했다. 이브는 뉴욕에서만 6개월을 공연한 다음 순회공연에 나섰다. 공연 때마다 그녀는 친척과 연인과 낯선 이들에게 폭력을 당하고도 살아남은 셀 수 없이 많은 여성들의 이야기를 들을 수 있었다. 그와 같은 폭력을 당한 여성과 소녀 들의 수에 압도당하고 그에 관해 무엇이라도 해야 한다는 압박감에 시달린 그녀는, 〈버자이너 모놀로그〉가 폭력에 관한 연극을 넘어서 폭력을 종식시키기 위해 행동하도록 사람들을 움직이는 장치로 만들기로 마음먹었다.

뉴욕에 기반을 둔 자원활동가 단체와 함께 그녀는 1998년 발렌타인데이에 브이데이 운동을 창립했다. 첫 번째 브이데이 공연은 뉴욕 해머스타인 볼룸에서 열렸는데, 스타들이 총출연한 이 자선공연은 전석 매진을 기록했다. 하룻밤에 25만 달러의 모금 실적을 기록하며 브이데이 운동이 태동한 것이다.

유명하고 재능 있는 배우들이 참석하여 브이데이 공연을 빛냈으며, 그들은 대중의 관심과 새로운 관객들을 끌어들였다. 입소문은 재빠르게 났다. 2001년 2월 10일에 열린 〈버자이너 모놀로그〉 자선공연에는 매디슨스퀘어가든의 1만 8000석이 매진되며 100만 달러의 모금 실적을 올렸다. 전세계가 주목하기 시작했다.

대학 캠페인

미국의 대학 캠퍼스에서 흥미를 보이기 시작하자 브이데이는 1999년에 대학 캠페인을 시작했다. 대학 캠페인에는 〈버자이너 모놀로그〉 자선공연을 준비하고 공연하는 여러 학생 단체들이 참여하였고, 이들은 즉시 수천 명의 '우연한 활동가'들을 양산하였다. 젊은 남녀 대학생들이 사람들을 모으고, 여러 단체와 대중매체 들을 대상으로 행사에 대해 연설하고, 대중에 홍보하여 기금을 마련하는 캠페인을 주도하였다. 첫 해에는 65개 대학이 브이데이 캠퍼스 공연에 참여했다. 그런데 그다음 5년간 대학 캠퍼스 공연은 놀랄 만큼 성장해 2007년에는 700개가 넘는 대학들이 브이데이 공연에 참여하고자 등록을 했다.

수년 동안 대학 캠페인은 대학가의 반폭력 운동에 중심 역할을 하였다. 대학 캠페인은 수많은 남성과 여성을 끌어모아 이 문제에 눈뜨게 해, 그들을 폭력에 맞서 분연히 일어서게 만들었다. 이들 활동가들은 자신들의 대학 캠퍼스에 지속적인 프로그램과 활동 들을 소개하였다. 그들은 강간 방지를 위한 24시간 말하기 프로그램을 만들거나, 해마다 일주일 동안 열리는 폭력자유지대 축하 행사를 조직하기도 했다.

애리조나주립대학 학생들의 경우를 예를 들면 1만 5000달러의 기금을 마련해 학내에 성폭력 예방교육 프로그램인 홈세이프를 개시했고, 브이데이 공연을 통해 강간 종식을 위한 학생 활동가들의 모임인 세이퍼SAFER, Students Active For Ending Rape를 창단했다. 이들은 오늘도 전국적으로 강간 신고와 관련한 캠퍼스 정책을 바꾸기 위해 학생들을 돕고 있다.

여러 가지 측면에서 대학 캠페인은 사회활동에 전혀 다른 패러다임으로 접근하는 새로운 세대의 젊은 남성과 여성 들을 배출시켰다. 최근에는 대학 졸업생들의 이력서나 개인 홈페이지의 프로필 등에서 브이데이 활동 경력을 아주 쉽게 발견할 수 있다. 브이데이 운동에 참여한다는 것은 세계 어느 곳에서든 여성과 소녀 들을 위한 정의에 힘쓸 것이라는 평생의 약속을 의미한다.

세계로 나가기

대학 캠페인이 세를 넓혀가면서 지역사회 활동가들이나 지방극단, 폭력반대 단체 들에 입소문이 퍼져나가기 시작했다. 그 결과 2001년에는 국제적인 캠페인이 모양새를 갖추었다. 대학 캠퍼스들이 〈버자이너 모놀로그〉 자선공연을 조직한 것처럼 세계 각국에서 이러한 공연이 조직됐다. 2001년에는 국제적인 캠페인 행사가 41개였던 데 비해 2007년에는 400개로 늘어났다. 이들 캠페인은 열성적인 지역단체와 자원활동가 들의 수가 늘어나면서 성공의 기반을 단단히 다지게 되었다.

국제 브이데이 조직가들에 의해 모인 기금은 여성에게 행해지는 폭력을 종식시키기 위해 일하는 강간방지센터를 비롯한 여러 다른 조직들이 폐쇄되지 못하게 해주었으며 서비스를 더욱 확장했다. 예를 들면 2003년에는, 케냐 나이로비에서 공연된 〈버자이너 모놀로그〉의 수익금이, 기금이 모자라 문을 닫았던 여성쉼터를 다시 열도록 도왔다. 수많은 브이데이 활동가들은 지역사회의 정책 입안자들이 여성폭력 문제를 해결하도록 고무시켰다. 이를테면 보르네오 지방에서는 이제 강간 사건을 본토법정이 아닌 민간법정에서 다루도록 권하고 있다. 이는 생존자의 권리를 더 잘 반영하기 위함이다. 또한 최근 미국 하원에서는 일본군의 위안부 강제동원 사실을 일본정부가 인정하고 사과할 것을 촉구하는 결의안을 통과시켰다. 브이데이는 여성폭력을 묵인하는 사회환경을 책임감 있는 사회환경으로 바꾸도록 돕는다.

브이데이 운동은 확장한다

브이데이 운동이 성장하면서 브이데이 운동에 대해 지역 사회 안에서 늘어난 관심은 또 다른 브이데이 행사의 성공을 가져왔다. 한 지역에서 성공한 브이데이 행사는 같은 지역에서 여러 행사를 동시다발적으로 여는 것을 가능케 했다. 브이데이의 고향인 뉴욕에서 이브와 브이데이 팀은 2006년 6월 '폭력이 끝나는 그날까지: 뉴욕'이라는 제목으로 2주 동안 열린 생존자 말하기 축제, 공연, 지역단체 행사를 기획했다. 100명이 넘는 작가와 50명이 넘는 배우들이 재능을 기부해 4개의 천막 공연을 만들어냈다. 뉴욕의 5개 자치구에서 70개의 지역단체 행사도 같이 열렸는데, 여기에는 수천 명의 풀뿌리활동가들이 함께 힘을 합쳤다. 이 축제는 여성과 소녀 들에 대한 폭력 문제를 중심 쟁점으로 만들었으며, 인구 800만의 도시 전체가, 브이데이 활동가들이 네트워크를 통해 다른 지역에서도 유사한 행사를 갖도록 격려했다.

이 축제는 새로운 자료를 내놓았다. 세계적으로 유명한 작가와 극작가 들이 쓴 글들을 모은 문집으로, 2007년 5월 『기억, 독백, 비명 그리고 기도』라는 제목으로 출간되었다. 뉴욕 활동가들에 의해 출간된 또 다른 문집 『우리 중 누구라

도: 감옥으로부터의 말들』은 투옥된 여성들이 쓴 글들을 담았으며, 감옥 안의 여성들이 당한 폭력의 역사를 밝히고 있다. 이 축제가 뉴욕에서 처음 선보인 이래 오하이오 주 북동부와 켄터키 주에서 똑같은 축제가 열렸다. 이 2개의 주에서 열린 행사들은 200만 명이 넘는 사람들에게 브이데이의 메시지를 전달하였으며, 여성과 소녀 들에 대한 폭력을 종식시키기 위해 일하는 지역단체들의 인식을 일깨웠다. 이 행사들은 2008년 파리와 로스앤젤레스에서도 선보일 예정이다.

끝까지 밀어붙이기

브이데이는 금기를 깨부수고 여성폭력 문제에 관한 비밀의 베일을 걷어올리며 끝까지 밀어붙인다. 브이데이 운동은 지난 수년간 저항에 부딪히기도 했지만 여성에 대한 폭력과 섹슈얼리티 문제에서 에둘러가기를 거부하고 진실만을 말하기로 결정했다. 이브 엔슬러가 맨 처음 〈버자이너 모놀로그〉를 공연했을 때 '보지'라는 말은 논란과 불편을 일으켰다. 라디오방송국은 '보지'라는 말을 언급하기를 거부하였으며, TV방송국은 공연를 전체를 내보내면서도 단 한 번도 '보지'라는 말을 방송하지 않았다. 신문들은 줄임말을 사용하는 것으로 위험을 피해갔다.

〈버자이너 모놀로그〉가 공연된 지 10년이 흐르고 이제 '보지'라는 단어는 우리 대중문화 속에 자리 잡았다. '보지'라는 말은 전세계의 TV와 라디오에서 공공연히 말해지고 있으며 신문과 잡지에서도 자유롭게 인쇄되고 있다. '보지'라는 단어가 주류매체에서 자유롭게 말해지고 인쇄되는 데 브이데이가 촉매작용을 한 것은 틀림없다. 브이데이는 금기를 깨고 문화를 바꾸는 데 기여하였다. 침묵 속에서 보이지 않게 고통당하는 여성들의 문제를 영원히 눈에 보이는 문제로 만들어놓았던 것이다.

브이데이가 지난 수년간 부딪혔던 저항은 대학 캠퍼스와 지역사회에 독특한 기회를 제공했다. 학생과 교수진, 지역사회 구성원들 사이에 퍼진 부정적인 인식을 긍정적인 대화로 바꾸는 기회가 마련된 것이다. 저항은 또한 고정된 사고를 변화시키는 계기가 되기도 한다. 많은 단체들이 다 함께 힘을 합쳐 〈버자이너 모놀로그〉를 사수하기 위해 투쟁하기로 결론을 내렸다.

2005년 노트르담대학 당국자들이 〈버자이너 모놀로그〉의 학내 공연을 금지시켜 광범위한 논란의 불꽃을 지폈으며, 교수진과 이브 엔슬러가 참석한 토론회가 개최되었다. 이듬

해에 노트르담대학의 존 젠킨스 총장신부는 〈버자이너 모놀로그〉의 학내 공연을 허락하며 다음과 같이 말했다. "〈버자이너 모놀로그〉 같은 창조적인 공연은 가톨릭 전통에 생산적이고 의미 있는 대화를 불러오고 중요한 문제에 대한 특정한 인식을 가져올 수 있다. 이것은 미래를 위한 훌륭한 모델이다."

같은 해인 2005년에 우간다 정부는 국제적인 언론의 감시에도 불구하고 캄팔라에서 열린 〈버자이너 모놀로그〉의 공연을 금지했다. 그러나 우간다의 활동가들은 리라여성평화단체와 키트굼여성평화단체를 위해 1만 1000달러를 모으는 데 성공하였으며, 2개의 지역 여성단체들이 우간다 북부 여성들의 안전을 보장하기 위해 일하고 있다.

2006년에는 프로비던스대학 총장이 〈버자이너 모놀로그〉 연례공연을 금지시키자, 브이데이는 다시 논란의 중심에 섰다. 200명이 넘는 사람들이 항의 시위를 했으며 로드아일랜드 주 전역에서 온 브이데이 활동가들(뿐만 아니라 브이데이 행사의 수혜자들도 많이 왔다)이 프로비던스대학의 활동가들을 돕기 위해 발 벗고 나섰다. 그들은 학외 공연을 추진하였으며, 그 이래로 학외 공연이 계속되고 있다.

언론의 조명을 받으며 세계적인 대화의 장을 마련한 이

논란들은 그 자체로 브이데이가 추구하는 변화의 한 부분임을 입증한다.

브이 세상

2001년 브이데이는 '모든 곳이 아프가니스탄이다'라는 캠페인을 시작했다. 이 캠페인의 뜻을 이은 브이데이 활동가들은 2002년에 대학 캠페인을 포함한 전세계적인 규모의 행사를 조직했다. 그들은 탈레반 정권 하에 있는 아프가니스탄여성들의 상황을 좀더 널리 알리는 데 힘썼다. 행사 수익금의 10퍼센트(다 합해서 25만 달러가 넘었다)가 아프가니스탄여성들을 지원하거나 학교와 고아원을 열고 교육과 보건 시설을 제공하는 데 쓰였다.

이 캠페인의 성공은 각 지역의 여성을 위한 연례행사인 브이데이 스포트라이트 캠페인으로 발전했다. '모든 곳이 아프가니스탄이다' 캠페인 이래로 '아메리카인디언여성과 퍼스트 네이션^{캐나다 인디언의 한 부족}의 여성들' '멕시코 후아레즈에서 실종되고 살해된 여성들' '위안부 여성들을 위한 정의 캠페인' '갈등 지역의 여성들'(콩고공화국 동부의 여성들을 포함하여) '뉴올리언스의 여성들' 캠페인이 이어졌다. 이 캠페인들은 적게는 수백, 많게는 수천 달러를 모았고, 이 지역의 문제들을 공공의 눈으로 볼 수 있는 기회를 만들었다.

브이데이는 다양한 지역·사회·정치·종교적 맥락 속에서 변화를 이끌어내기 위해 고군분투하는 지역 여성들이 지도자 역할을 하도록 격려한다. 우리는 지역 활동가들이 그들이 사는 지역사회에 적절한 행사를 계획하려면 지도자 역할을 수행해야 한다는 것을 잘 알고 있다.

이러한 지역 활동가들 덕분에 케냐의 나로크 지역 같은 오지에서도 브이데이 행사가 꽃을 피울 수 있게 되었다. 케냐 마사이 부족의 여성음핵절제를 막으려는 브이데이의 작업은, 한 마사이여성의 이야기가 브이데이의 철학과 일치했기 때문에 시작되었다. 마사이여성 아그네스 파레이요는 15년도 훨씬 전에 젊은 여성과 소녀 들을 대상으로 여성음핵절제의 위험에 대해서 교육하기 시작했다. 아그네스와 브이데이의 깊은 우정은 협력 관계로 발전하여, 2002년에는 브이데이 최초의 세이프하우스를 탄생시키는 결과를 낳았다. 이곳은 나로크 소녀들이 음핵절제의 위험에 대해 교육받고, 절제의 위험을 피해 안전하게 대피할 수 있는 곳이다. 소녀들을 위한 브이데이 세이프하우스는 기념비적인 성공을 거둠으로써 아프리카 전역의 여성 지도자들이 음핵절제

반대운동을 펼치는 데 관심을 갖도록 만들었다. 이제 브이데이는 아그네스가 두 번째 세이프하우스를 세우도록 돕고 있으며, 이 두 번째 세이프하우스에는 더 많은 소녀들이 와서 힘을 얻을 것이다.

브이데이는 아이티의 헌신적이고 열정적인 여권주의자들의 활동에 고무되어 여성부와 함께 포르토프랭스에 브이데이 아이티여성회 세이프하우스를 세우는 데 협력하였다. 이 세이프하우스는 아이티에서는 최초로 여성들이 장기적으로 머무는 것이 가능하였다. 이곳은 여성 생존자들을 위한 쉼터 역할을 하는 동시에, 학대받은 여성들이 병을 치료받고 직업훈련도 받을 수 있게 고안되었다. 카프아이시앵에서 브이데이는, 순수하게 자원봉사자들로만 이루어진 지역단체가 집을 구매하도록 도왔다. 콩고공화국의 부카부에서는 성폭력 피해 여성 100명을 수용할 수 있는 시설인 '시티오브조이City of Joy' 설립을 계획 중이다.

중동 지역에서 브이데이는, 2005년에 시작된 카라마 프로그램으로 그 존재를 드러내고 있다. 아랍어로 '위엄'이라는 뜻의 카라마는 여성에 대한 폭력을 반대하는 지역운동을 지지하며, 정치·경제·보건·문화예술·교육·미디어·법률·종교의 8개 분야에서 활동하는 여성 지도자들로 구성되었다.

이집트 카이로에 본부가 있으며 요르단 암만에 지부가 있는 카라마는 이집트, 레바논, 요르단, 팔레스타인, 모로코, 알제리, 시리아, 수단, 튀니지를 연결하는 네트워크를 형성하고 있으며, 이 네트워크를 통해 여성의 평등과 권리를 위한 운동을 전개하고 있다.

카라마는 2008년과 2009년에 개별적인 국내 연합들이 공동 캠페인이나 독립적인 활동 계획을 수행하는 데 자금을 제공할 것이다. 또한 유엔 행사를 비롯한 다른 국제 행사에서도 이 이슈에 대한 대중의 인식을 제고시키기 위한 활동을 계속 지원할 것이다. 카라마가 아랍여성들의 엔지오 가운데 하나가 되었다는 것은, 그것이 독특한 연대를 형성하여 앞으로 다가올 수십 년간 중동여성들의 목소리를 대변하는 중심축이 될 것이라는 의미이다.

다음 10년

2008년 2월은 브이데이가 탄생한 지 10주년이 되는 해이다. 브이데이는 4월 12일에 1만 8000명의 브이데이 활동가들을 초청하여 뉴올리언스를 접수할 것이다. 이 수많은 활동가들은 10주년을 기념히는 미술, 운동, 워크숍 등 다양한 활동에 참여함으로써 우리 운동의 다음 10년을 증명할 것이다. 유명 인사들이 참여하는 각종 공연과 매체의 보도를 통해 브이데이가 지난 10년간 어떤 일을 해왔는지 세상에 상기시키는 한편, 앞으로 무엇을 해야 하는지도 알린다. 우리는 브이데이 역사상 매우 중요한 이 순간에 뉴올리언스를 행사의 거점으로 선택했다. 그 이유는 허리케인 카트리나의 피해자들이 겪는 고통이 전세계의 수많은 여성들이 당하는 고통과 유사하기 때문이다. 높은 폭력 발생률, 경제적·인종적 불평등, 피해자 구제를 위한 공공 구조의 부재 등의 측면에서 그렇다.

브이데이 10주년은 전세계의 수많은 남녀 보지 전사들을 축하할 것이다. 그들은 끔찍한 폭력을 경험했거나 보았고, 그것을 슬퍼하고 살아남아, 복수보다는 폭력을 종식시키는 데 평생을 바치기로 마음먹은 사람들이다. 브이데이는 카트리나전사 네트워크, 풀뿌리단체들과 협조적으로 일할 것이다. 그들은 뉴올리언스에서 삶을 재건하고자 하는 여성들을 도울 것이다. 우리는 뉴올리언스 지역사회가 영구히 지속되도록 단결하고 활성화되고 영향을 미치고 변화하기를 희망한다.

브이데이와 애시문화예술센터가 함께 제작한 뉴올리언스 여성 예술가들의 작품 〈거슬러 수영하기〉가 브이데이 10주년 기념 공연의 일환으로 최초로 선보일 것이다. 이어서 뉴올리언스 전역에 있는 수많은 대학과 지역단체 들의 토론이 뒤따를 것이다.

브이데이 10주년은 행동을 부르고 상기시키는 역할을 할 것이다. 그것은 예술이 사고를 바꾸고 사람들이 행동하도록 만드는 힘이 있음을 다시 한번 상기시킬 것이며, 지속적인 사회·문화적 변화는 비범한 일을 하는 평범한 사람들에 의해 이루어진다는 사실을 다시 한번 증명할 것이다. 그것은 지역사회에서 벌어지는 폭력 문제를 해결하기 위한 지역 여성들의 활동을 멈출 수 없다는 것도 확인시킬 것이다. 브이데이 10주년은 브이데이 운동이 지난 10년간 얼마나 멀리 왔는가를 만천하에 공표할 것이다. 그것은 또한 우리와 함께 이 먼 길을 가야 하는 이유를 받아들이도록 세상에 당당히 요구하는 동시에 아직도 험한 여정이 남아 있다는 것을 알려줄 것이다.

지난 10년간 우리는 거대한 변화의 물결을 목도하였으며 아주 구체적인 승리의 경험들도 거두었다. 다음 10년 동안 우리가 어디에 있을지 상상해보라. 당신이 돕는다면, 우리는 여성과 소녀 들에 대한 폭력을 종식시킬 것이다.

우리는 폭력이 멈추는 그날까지 일할 것이다.

우리와 함께하라!

브이의 목소리들:
전세계에서 온 증언과 생각 들

    나이지리아의 아부자와 라고스에서 공연된 〈버자이너 모놀로그〉는 나이지리아에서 이전에는 볼 수 없었던 운동의 길을 열었다. 이 운동은 성의 해방과 폭력의 종식, 평등의 권리를 요구하는 운동이다.

—국제 브이데이 조직가, 나이지리아 라고스에서

    브르타뉴에 처음으로 브이데이를 조직한 사람 중의 하나로 (…) 나는 이제 내 고향 브레스트에서, 학대받은 여성들을 위한 쉼터의 운영위원으로 참여하고 있다. (…) 몇 년 전만 해도 내가 여성의 권리를 옹호하는 운동에 이렇게까지 열심히 참여하게 될 줄은 몰랐다.

—국제 브이데이 조직가, 프랑스 브르타뉴에서

〈버자이너 모놀로그〉를 처음 읽은 고등학생 때 난 구원을 받은 것처럼 느꼈다. 그것은 여성과 남성, 아이를 막론하고 모두가 들어야만 하는 메시지였다. 그것은 진실이고 아름다움이고 희망이었다. 하나님도 알지 못할 것만 같았다. 나는 그것을 복음처럼 전하고 싶었다. (…) 〈버자이너 모놀로그〉의 빛을 보아서 이롭지 않은 사람은 어디에도 없다고 믿는다.

우리 모두 평화로 (…) 개종할 때까지 브이데이여, 영원하라.

—토바 펠트만스턴, 「왜 〈버자이너 모놀로그〉가 성경보다 좋은가」

나는 〈버자이너 모놀로그〉를 음해하고 가톨릭 캠퍼스에 공연되는 것을 막으려는 가톨릭 단체들에 대해 분노를 금할 수 없다. 나는 모든 인간은 근본적으로 평등하다는 것이 예수가 이 세상에 와서 설파하고자 했던 메시지라고 믿는다. 그러므로 〈버자이너 모놀로그〉에 대한 나의 감상이 나의 가톨릭 신앙과 모순된다고 생각하지 않는다. 오히려 그 믿음을 더욱 공고히한다. 이브는 인간성에 대한, 특히 여성들에 대한 새로운 인식의 지평을 열어주었다. (…) 나는 〈버자이너 모놀로그〉가 가톨릭 캠퍼스에서 공연되도록 하기 위해서 무엇이든 할 것이다. 그리고 교회가 보지를 잊지 않도록 만들 것이다. 나는 언젠가 신학자가 되기를 희망한다. 그리고 나의 신학적인 사고에 여성에 대한 나의 새로운 인식을 반영할 것을 약속한다. 아직도 배울 것이 많다. 하지만 적어도 나는 이미 그 길을 걷기 시작했다.

—조엘 그레이, 미시시피에서

그녀는 매일 그것을 견딘다
우리에게 그것은 두려운 무엇이지만
그녀에게 그것은 악몽이다
이 고통은 현실이다
나는 이해하지 못한다
여성이 자신을 증오하도록 만들며
먼지처럼 느끼게 만드는
남성이 가진 것은 무엇인가
그러나 아무것도 할 수 없을 때 당신은 무엇을 하는가
전화할 누구도
말할 누구도 없을 때

그것이 그녀의 삶

그녀의 살아 있는 지옥

이 문제를 해결하기 위해

우리는 경찰보다 더한 것을 필요로 한다

그러니 폭력이 멈출 때까지 브이데이를 지지하라

—에마 파커, 13세

브이데이는 웹사이트가 아니다. 그것은 자료도 아니며 운동도 아니다. 브이데이는 그들의 가슴속 깊은 곳과 보지에 폭력이 없는 세상을 꿈꾸는 사람들이다.

—콜로라도 거니슨에서 열린 브이데이 행사에서

브이데이와 함께 일한 덕분에 나는 이전에는 결코 경험해보지 못했던 힘이 나한테 있다고 믿기 시작했다. 응급실에 가는 것은 어려운 일이었고, 강간 검사를 받는 것은 더욱 어려웠다. 경찰서에 가서 나를 공격한 사람의 이름을 말하는 것도 어려운 일이었다. 이어지는 몇 달 동안 법정에서 강간당한 경험을 풀어놓는 일은 더욱 어려운 일이리라. 그러나 브이데이와 피해자 보호프로그램은 나에게 안도감을 주어서 여성들이 이런 대우를 받는 것에 대항해 싸우도록 만들었다.

나는 침묵할 필요도 없고 그런 일이 일어나지 않은 척 가장하지 않아도 되었다. 어딘가에 있는 지원프로그램이 당신을 도울 것이다. 그래서 감사한다. 나는 무장한 것처럼 강해졌다. 나는 브이데이가 자신의 목소리를 잃은 여성들, 자신이 목소리를 가졌다는 사실조차 모르는 여성들, 그리고 좀더 크게 외치기를 원하는 여성들을 계속 지원하기를 바란다.

—브이데이 조직가, 댈러스의 텍사스대학에서

감사하다. 브이데이는 또 한 명의 남성의 인생관을 변화시켰다. 세계적으로 여성이 어떻게 취급받고 있는지 더 잘 알게 해줬으며, 그것을 저지시키기 위한 운동에 동참하도록 만들었다.

—마이클

『버자이너 모놀로그』를 읽을 때마다 나는 내가 여자인 사실이 자랑스럽고 세상을 바꾸기 시작한 운동에 동참한 것이 자랑스럽다. 브이데이의 모든 것에 감사한다. 왜냐하면 그것은 나 자신을 사랑할 수 있게 만들었고 내가 누구인가를 알게 만들었으며 어떤 사람이 되어야 하는지를 가르쳐주었다.

—브이데이 대학 캠페인 공연 멤버

강간, 근친강간, 구타, 여성음핵절제, 성노예 같은 문제들에 나서서 저항하는 것은 정치적으로나 사회적으로뿐만 아니라 개인적으로도 큰 과제다. 의식화 운동에 참여하거나 모금을 하고 목소리를 내는 것은, 스스로를 페미니스트 혹은 활동가라고 부르는 사람들에게는 아주 중요한 책임이다.

—조단, 일리노이대학 브이데이 조직가

레즈비언으로서 나는 대부분의 이성애자 여성들이 보지에 대해 나와 비슷한 의견을 갖고 있다는 것을 알게 되어서 기쁘다. (…) 또한 레즈비언들을 인정하고 지지해준 데 대해서도 감사한다. 그렇지만 나의 섹슈얼리티는 이 책에 대한 나의 반응과 차이가 없다. 나는 개인적인 깨달음과 동시에 여성이라는 존재 전체와 하나됨을 느꼈다. 이 책은 마침내 내가 사실상 여성이라는 사실을 깨닫게 해줬다.

—조애나

한국인의 피가 흐르고 있는 여성으로서 나는 〈버자이너 모놀로그〉가 2차대전 당시의 위안부 여성 문제를 다룬 데 대해 깊은 감동을 받았고 감사하게 생각하고 있다. 이는 한국 사람들에게 의미가 매우 깊다. (…) 또한 나는 연극이 전세계의 사람들을 교육시킬 수 있는 엄청난 힘을 갖고 있다는 것을 깨달았다. 연극이 하지 않았다면 우리는 그러한 문제들에 주목하지도 않았을 것이다. 마음 깊은 곳으로부터 진심으로 고맙다. 왜냐하면 이런 것은 일생에 한 번 올까 말까 한 경험이기 때문이다.

—진

보르네오에서 브이데이 캠페인을 조직한 경험은 나에게 너무나도 많은 힘과 신뢰, 믿음을 선사했다. 그 경험은 내 꿈을 실현시키고 잠재적인 역량을 펼칠 수 있게 만들었다. 나는 35세이고 주부이며 두 아이의 엄마이다. 나는 브이데이가 내 인생을 바꿔준 데 대해 가슴 밑바닥부터 우러나오는 커다란 감사를 하고 싶다.

—국제 브이데이 캠페인 조직가,
말레이시아 보르네오 코타키나발루에서

무대 위에서 신음소리를 낸다는 것이 적어도 한 명의 여성을 상처로부터 신음하지 않게 만드는 것이라면, 그리고 언젠가 내 자매가 강간당할 두려움에 떨지 않고 공원에서 자유롭게 걸을 수 있게 되는 것이라면, 또한 내 조카가 폭력이 없는 세상에서 자유롭게 자랄 수 있는 길이라면, 나는 신음하고 또 신음할 것이다.

—말레이시아 연극배우, 코타키나발루에서

나는 〈버자이너 모놀로그〉에 관여하고 있는데 그것이 내 조상들에게 진 빚을 되갚는 길의 하나이기 때문이다. 〈버자이너 모놀로그〉는 필리핀여성들이 꽃송이를 하나하나 모아 삼파귀타 화환을 엮듯이, 수많은 필리핀여성들로부터 삶의 교훈을 모은다. 〈버자이너 모놀로그〉는 필리핀여성들의 목소리로 엮은 이 화환을, 삶을 찬미하고 구원하려는 우리의 현재와 미래 세대에게 바친다. 다음 세대를 위해 화환을 만드는 이가 되라. 그리고 꿈을 실현하라.

—브이데이 참가자, 하와이의 호놀룰루 와이파우에서

(〈버자이너 모놀로그〉가 하와이 최초로 여러 세대의 필리핀여성들에 의해 공연되었다. 타갈로그어, 일로카노어, 비사얀어, 피진어가 사용되었다.)

우리가 해냈다. 우리는 미디어와 대중으로부터 더할 수 없는 지원을 받았다. 어디를 가나 〈버자이너 모놀로그〉가 거기에 있는 순간이 왔다. 처치로드를 따라 차를 몰고 가다 보면 검은색의 거대한 광고판에 흰 글씨로 쓰인 보지가 수 미터 전부터 눈에 띄었다. 신문을 펼쳐도 보지가 있었다. 라디오를 틀어도 보지가 있었다. TV를 틀어도 보지가 있었다. (…) 우리는 공연 전에 이미 이틀간의 공연 티켓을 모두 팔았다. 잠비아 극장가에선 있을 수 없는 일이 일어난 것이다. 국회의원도 왔고 학생도 왔으며 이름만 대면 알 만한 사람들이 모두 왔다. 심지어 공연을 감시하러 온 정보원 사람들도 자기 임무는 잊은 채 공연을 즐겼다. 우리는 공연이 끝난 후 수세대에 걸쳐 말해지지 않은 문제들을 끄집어내어 토론했다.

―잠비아 루사카에서 열린 브이데이 행사에서

모든 〈버자이너 모놀로그〉 공연에서와 마찬가지로 맨 처음 '보지'라는 단어를 들었을 때는 충격적이었다. 그러나 더욱 놀라운 사실은 다른 단어들이 얼마나 절묘하냐는 데 있다. 내가 읽은 독백에서 이브 엔슬러는 여성이라는 존재의 놀라움을 훌륭하게 요약했을 뿐만 아니라, 그것이 이끌어내는 모든 감정을 잘 드러냈다. 그 독백은 유머러스하고도 신랄했다. 그것은 거칠면서 동시에 부드러웠다. 그것은 아름다웠다. 이것은 내가 〈버자이너 모놀로그〉에 관해 들었던 것이 아니다. 나는 그것이 충격을 주리라는 것은 알고 있었다. 그렇지만 아름답기까지 하다니? (…) 유머러스한 독백도 있고 힘을 주는 것도 있으며 비극적인 것도 있다. 어떤 독백들은 너무도 친숙해 마치 내가 영감을 준 것처럼 느껴질 정도였다. 또 어떤 독백들은 전에 한 번도 들어본 적 없는 너무 낯선 개념들(음핵절제 등)을 다루고 있어서 충격을 받기도 했다. 전체적으로 이 독백들은 세상에서 여성들이 직면한 슬픔과 위험에 대해 관객들을 교육시키고 여성이라는 성이 누리는 보편적인 기쁨을 상기시킨다. 더불어 이 독백들은 여성으로 산다는 것의 의미를 알리는 감동적인 초상화를 창조해냈다.

—트리스탄, 뉴멕시코 산타페의
세인트존스대학에서 열린 브이데이 행사에서

우리는 〈버자이너 모놀로그〉를 이 지역 최초로 스페인어로 공연했다! 이틀간의 공연 티켓이 매진되었고 관객들은 다음 해에는 공연 횟수를 늘리고 더 큰 극장에서 공연할 것을 요구했다. 아르테사나 Arte Sana라는 이름의 풀뿌리운동단체가 이 공연의 수혜를 입었다. 라틴계 지역사회의 의식화를 위해 애쓰고 있는 이 단체는 이 공연의 수익금으로 운영 비용을 충당하고 서비스를 계속 제공할 수 있게 되었다.

— 텍사스 오스틴에서 열린 브이데이 행사에서

베오그라와 세르비아에서는 최초로 공공기관에서(수용인원 600명으로, 전석이 매진되었다) 보지, 질, 레즈비언, 근친강간, 음핵절제, 가정폭력, 성폭력 같은 단어들이 울려퍼졌다!!!

그리고 놀라운 일이 벌어졌다. 남자들이 울었던 것이다. (…) 그들 대부분이 도대체 무슨 일이 일어났는지 알지 못했다. (…) 그들은 무언가를 이해한 것이다. 분노도 없었고 방어도 없었다.

— 유고슬라비아 베오그라드에서 열린 브이데이 행사에서

브이데이 선언문:
폭력이 멈추는 그날까지

　브이데이는 여성에게 행해지는 폭력에 대항해 만들어진 조직체이다.

　브이데이는 전망이다. 우리는 여성이 안전하고 자유롭게 사는 세상을 꿈꾼다.

　브이데이는 요구이다. 강간, 근친강간, 구타, 음핵절제, 성노예 제도는 당장 사라져야 한다.

　브이데이는 영혼이다. 우리는 여성이 삶을 끔찍한 만행으로부터 살아남거나 회복하는 데 보내지 않고 창조하고 풍요롭게 하는 데 보내야 한다고 믿는다.

브이데이는 촉매이다. 의식을 깨우고 모금함으로써 브이데이는 폭력에 반대하는 기존의 노력들을 강화하고 통합한다. 광범위한 인식의 전환을 꾀함으로써 전세계에 교육적·보호적·입법적 노력을 위한 새로운 토대를 마련한다.

브이데이는 과정이다. 우리는 시간이 얼마나 걸리든지 이 일을 할 것이다. 우리는 폭력이 멈추는 그날까지 멈추지 않을 것이다.

브이데이는 기념일이다. 우리는 발렌타인데이를 브이데이로 선언한다. 그날은 모든 여성이 여성임을 즐기고 폭력을 종식시켜야 한다.

브이데이는 맹렬하고 거침 없고 중단 없는 운동이자 공동체이다. 우리와 함께하라!

우리의 웹사이트 www.vday.org 를 방문하라.

브이 연대표:
보지의 승리에 관한 10년의 기록

브이데이 운동은 지난 10년간 급격히 성장했다. 다음은 이 여정에서 우리의 많은 승리를 기록한 간단한 연대표이다.

1998년

브이데이는 1998년 2월 14일 뉴욕 해머스타인 볼룸에서 열린 〈버자이너 모놀로그〉 자선공연으로 시작된다. 2500석 규모의 이 극장은 전석이 매진되어 반폭력 지역단체들에 25만 달러를 기부할 수 있었다. 이날 공연에는 베티, 마거릿 조, 글렌 클로즈, 이브 엔슬러, 지젤 페르난데즈, 칼리스타 플록하트, 우피 골드버그, 클레즈머 우먼, 셜리 나이트, 소라야 마이어, 캐시 나지미, 로지 페레즈, 해나 엔슬러 리벨, 로빈 로버츠, 위노나 라이더, 수잔 새런든, 로이스 스미스, 피비 스노, 글로리아 스타이넘, 마리사 토메이, 릴리 톰린, 우랄리, 바버라 월터스, 샨탈 웨스터먼을 포함한 20여 명의 배우들이 등장한다.

1999년

브이데이는 영국의 저명한 극장인 런던의 올드빅 극장에서 자선공연을 연다. 이 공연은 여성폭력을 종식시키기 위해 일하는 국내외의 엔지오 단체들에게 기금을 전달한다. 공연자로는 케이트 블란쳇, 질리언 앤더슨, 소피 달, 크리스티안 아만포, 이자벨라 로셀리니, 멜라니 그리피스, 조엘리 리처드슨, 미라 샤이알, 케이트 윈슬렛 등이 참여한다. 이 공연 다음날, 붉은 깃털 목도리를 두른 여배우들의 사진이 런던 6개 신문의 1면을 장식한다.

미국과 캐나다에서 66개가 넘는 학교들이, 대학 캠페인에 참여해달라는 브이데이의 초청을 수락한다. 참가한 학교들이 집계한 바에 따르면 2만 명이 넘는 사람들이 브이데이 행사에 참여하거나 관람했다.

2000년

대학 캠페인은 미 전역과 전세계로 퍼져나가 참가한 대학 수가 150개로 늘어난다. 1999년의 2배가 넘는 수치이다.

2001년

브이데이는 2월 10일 1만 8000명을 수용할 수 있는 뉴욕 매디슨스퀘어가든의 전석을 매진시킨다. 이 공연에는 70명이 넘는 배우들이 참가한다. 하룻밤 만에 100만 달러가 모인다. 관객으로는 브이데이의 국제적 대회인 '강간을 멈추라'의 최종 입상자들이 참여한다. 우승자인 독일의 카린 하이제케는 '빵봉지' 캠페인이란 재치 있는 아이디어를 낸다. '빵봉지' 캠페인이란 각 지역의 제과업자들이 여성폭력에 관한 통계와 폭력 생존자를 위한 긴급전화번호 등을 인쇄한 봉지에 빵을 넣어주자는 것이다.

12월, 브이데이는 여성인권단체인 이퀄리티 나우Equality Now와 함께 브뤼셀에서 '민주주의를 위한 아프가니스탄여성 정상회담'을 공동주관한다. 50명이 넘는 아프가니스탄여성들이 모여서 탈레반 정권 이후의 아프가니스탄에 대한 청사진을 펼쳐 보인다. 이들은 아프가니스탄의 32개 지방 12

만 8000명으로부터 아프가니스탄 전역의 평화 복구와 무장해제를 요구하는 청원서에 서명을 받는다. 이 청원은 후에 아프가니스탄에 있는 유엔 본부에 전달되었으며 유엔은 결국 900명의 민간인들을 무장해제시키기로 결정한다. 브이데이는 아프가니스탄여성혁명협회RAWA에 자금을 기부하기로 약속한다.

대학 캠페인은 참가 대학이 230개로 늘어나고 62만 달러가 지역의 여성단체들에게 기부된다. 국제 캠페인이 모양새를 갖추기 시작하고, 브이데이는 40개가 넘는 도시에서 행사를 개최하여 모금된 35만 달러를 각 지역 여성단체들에게 전달한다.

2002년

샌프란시스코의 한 연예인 기금 모집가가 50만 달러가 넘는 모금 실적을 올려 24개의 반폭력 지역단체를 위해 기부한다.

할렘에서는 유색인종의 인기 여배우들이 대거 출연한 〈버자이너 모놀로그〉가 세계적으로 유명한 아폴로 극장에서 공연된다. 이 공연에서 생긴 수익금은 미국 흑인여성에 대한 폭력방지대책위원회, 도미니카공화국 여성발전센터, 폭력방지프로그램, 남아시아여성들을 위한 사키sakhi프로그램에 기부된다.

브이데이는 아메리카인디언여성들에게 행해지는 믿을 수 없을 만큼 잦은 폭력에 대해 알리기 위해 '인디언 거주지 프로젝트'를 시작한다. 수잔 블루 스타 보이는 이를 위해 25개의 브이데이 행사를 조직해, 2003년에 인디언보호구역 안에서 개최한다. 수익금은 사우스다코타 주의 파인리지 보호구역에 세이프하우스를 짓는 데 쓰인다.

소녀들을 위한 아프리카 최초의 브이데이 세이프하우스가 아그네스 파레이요의 지도력에 힘입어 케냐 나로크에 문을 연다. 이 세이프하우스는 음핵절제의 위협으로부터 도망친 소녀들을 위한 곳으로, 50명의 소녀들에게 안전한 쉼터를 제공하고 그들이 학업을 계속하도록 돕고 있다.

9월, 로마에서 열린 브이데이 정상회담에는 아프가니스탄, 보스니아, 과테말라, 케냐, 필리핀, 남아프리카공화국,

미국을 포함한 17개국에서 30명이 넘는 브이데이 활동가들이 참석하여 여성과 소녀 들에 대한 폭력을 종식시키기 위한 전략을 세운다.

브이데이 대학 캠페인 참가 대학이 514개를 넘어선다. 국제 캠페인은 245개 도시로 확대되어 35개국에서 2000개가 넘는 자선행사가 열린다.

2003년
연예인 후원자들과 활동가들이 출연하는 브이데이 공익광고 캠페인이 첫 선을 보인다. 이 광고는 『타임』『마리 클레르』『스핀』『레드북』 등 30개가 넘는 잡지에 실렸으며, 케이블 방송사인 라이프타임 텔레비전이 무료로 제작한 TV용 공익광고는 미 전역에서 100회가 넘게 방영돼 1000만 명이 넘는 사람들이 시청한다.

브이데이는 80명의 아프가니스탄여성 풀뿌리활동가들을 위해 카불에서 정상회담을 연다. 아프가니스탄의 35개 단체에 소속된 여성 지도자, 변호사, 활동가, 교사 들에게 지도자 훈련과 함께 정보 교환의 기회를 제공한다.

브이데이는 사라예보에서 열린 회담 '차이의 국경을 넘어서'를 후원한다. 서로 다른 언어와 종교를 가진 이민족 여성들을 대화의 자리로 이끈 이 회담에서는 전쟁과 강간으로 얼룩진 이 지역에 평화를 모색하기 위한 방안이 논의된다.

필리핀 마닐라에서 뉴보이스컴퍼니New Voice Company와 필리핀여성 국회의원들이 브이데이와 합동으로 가정폭력과 성매매 금지법안에 대한 공청회를 마련한다. 1년 후에 이 법안은 통과된다.

런던에서 열린 브이데이 행사에 36명의 장애여성들이 배우로 출연하고 14명의 수화통역자, 자막처리사, 음성안내자, 장소안내자들이 참여한다.

4월, 파키스탄의 풀뿌리활동가 니하트 리즈비는 이슬라마바드 최초의 브이데이 공연을 위해 파키스탄의 유명 배우들을 끌어모아 무대에 올린다. 200명이 넘는 관객들이 몰린 이 공연은 이후 라호르와 카라치로 순회공연이 결정되었다.

리투아니아에서 열린 브이데이는 국영 라디오방송의 '라

디오 극장' 프로그램에서 치러진다. 이는 70년 전통의 프로그램으로, 수많은 시골 사람들의 오락거리가 되어왔다.

12월, 브이데이는 이스라엘과 팔레스타인을 순회하며 각 지역의 여성들과 만나 안전과 평등, 정의와 평화에 관해 의견을 들어보는 행사를 가졌다.

598개가 넘는 대학이 대학 캠페인에 참가하고, 294개가 넘는 도시가 국제 캠페인에 참가, 도합 38개국에서 2400개의 자선행사가 열린다.

2004년

2월 14일, 브이데이와 국제사면위원회는 멕시코 후아레즈에서 7500명이 참여한 대규모 시위를 조직하여 행진한다. 이 행진은 후아레즈에서 실종되거나 사망한 수백 명의 여성에 대한 당국의 부적절한 대응에 항의하기 위한 것이다. 이는 후아레즈에서 발생한 여성 살해에 대해 세계의 이목을 집중시키기 위한 브이데이의 노력의 시작이다. 브이데이는 실종자들의 가족에게 각종 서비스와 후원을 제공하는 단체 카사아미가Casa Amiga와 그밖의 지역 엔지오 단체에 대한 지원활동에 들어간다.

매사추세츠 주 애머스트에서는 고교생들을 대상으로 일주일간의 브이데이 교육프로그램이 실시된다. 이 행사는 『타임』과 〈투데이쇼〉를 비롯한 매체를 통해 전국적인 주목을 받는다.

브이데이에 대한 다큐멘터리 〈폭력이 멈추는 그날까지〉가 선댄스 영화제에서 처음 선보여, 2월에는 라이프타임 텔레비전을 통해 방영된다.

이집트 카이로의 관객들이 〈버자이너 모놀로그〉 사설 공연에 모여든다. 세 번에 걸쳐 열린 이 공연은 전석 매진된다. 이 공연에는 이브 엔슬러와 이집트의 배우들 그리고 레바논, 카타르, 사우디아라비아에서 온 젊은 여성들이 참가한다. 수익금은 중동 최초의 여성 쉼터 중 하나에 기부된다.

인도에서 열린 브이데이는 인도와 파키스탄 배우들이 출연한 〈버자이너 모놀로그〉 공연을 통해 남아시아 페미니스트들의 업적을 기렸다. 두 번에 걸쳐 열린 이 공연은 전석 매진된다. 이 공연은 인도, 파키스탄, 방글라데시, 네팔, 아프가니스탄, 스리랑카 등 남아시아에서 온 활동가들이 참여한 회담과 동시에 열린다. 두 행사 모두 『더 타임스 오브 인디아』 같은 인도의 매체와 BBC, AP 등을 비롯한 국제 매체에 의해 폭넓게 다루어짐으로써 아시아에 커다란 반향을 불러일으킨다. 브이데이는 히마찰프라데시에 여성을 위한 쉼터를 열도록 돕는다.

3월 8일, 런던 크리테리온 극장에서는 여성 국회의원과 장관 들이 출연하는 〈버자이너 모놀로그〉 공연이 객석을 가득 메운 사람들 앞에서 펼쳐진다. 뿐만 아니라 영국 전역에 걸쳐 70개가 넘는 지방 공연이 제작된다.

4월, 최초로 트랜스젠더 여성들이 참여하는 브이데이 행사가 로스앤젤레스의 퍼시픽디자인센터에서 열린다. 그들은 자신들의 이야기를 토대로 한 독백 〈그들은 내 소년에게서 나온 소녀를 때렸다…… 아니면 그러려고 했다〉를 최초로 공연한다.

영국, 프랑스, 독일, 룩셈부르크의 조직가들은 유럽위원회의 재정적인 지원을 받아 유럽에 브이데이 행사를 조직한다. 이 행사의 목표는 여성과 소녀 들에 대한 폭력을 종식시키기 위해 일하는 지역 조직가들을 돕고, 유럽연합 내의 정치적·공공적 지원을 이끌어내며, 유럽 내의 네트워크를 확장시키고 발전시키는 것이다.

6월, 브이데이는 여성에 대한 폭력을 쟁점으로 이끌어내고 투표율을 높이기 위해 유권자 등록 및 교육 캠페인을 실시한다. 31개 주의 브이데이 활동가들은 유권자들이 '폭력 종식에 한 표를' 캠페인에 등록시키기 위해 일한다.

613개가 넘는 대학이 대학 캠페인에 참가하고 358개가 넘는 도시가 국제 캠페인에 참가해, 도합 50개 국가에서 2600개가 넘는 자선행사가 열린다.

2005년
우간다 당국이 예정된 브이데이 자선공연을 금지시킨다. 조직가들은 이 문제를 쟁점화하여 국내외 매체의 조명을 받음으로써, 아프리카와 전세계에서 행해지는 여성폭력 문제에 대해 대중의 인식을 제고시키는 기회로 만든다.

3월 8일 세계 여성의 날에, 이브와 다구르에서 열린 브이데이 행사 조직가들은 아이슬란드 대통령 관저에 초대되는 영광을 누린다. 아이슬란드의 올라퓌르 라그나르 그림손 대통령은 최초로 '보지 전사 대통령상'을 받는다.

18개국을 대표하는 55명의 브이데이 조직가들이 참여하는 유럽 지역 브이데이 워크숍이 최초로 벨기에 브뤼셀에서 열린다. 유명 연예인들이 총 출연한 다국적, 다언어 〈버자이너 모놀로그〉 공연이 유럽강간위기네트워크, 여성연대와 폭력 피해 여성을 위한 피난처, 이라크여성자유기구를 위해 기금을 모은다.

7월 18일, 이집트의 가정폭력 피해 여성과 아이 들을 위한 세이프하우스인 바야트하와 Bayat Hawa가 문을 연다. '여성 발전과 이해 증진협회 ADEW'에 의해 설립된 이 세이프하우스는 가정폭력의 피해를 입은 여성과 아이 들을 위해 종합적인 서비스를 제공한다. 또한 폭력 문제에 대해 대중의 인식을 일깨우고, 매체와 정책 입안자, 지역사회 지도자 들 간에 대화를 촉진시키기 위한 방안도 마련한다.

7월, 브이데이는 브이데이 특별자문위원인 히바크 오스만의 지도 아래 레바논 베이루트에서 카라마 프로그램을 시작한다. 아랍어로 '위엄'을 뜻하는 카라마는 이집트, 레바논, 요르단, 팔레스타인, 모로코, 알제리, 시리아, 수단, 튀니지 등 중동 지역의 여성에 대한 폭력을 종식시키기 위한 지역 운동을 지지한다. 정치·경제·보건·문화·예술·교육·언론·법률·종교계를 대표하는 여성 활동가들로 이루어진 카라마는 아랍여성 엔지오 단체들과 연대를 형성하고 새로운 동맹을 이끌어내기 위해 노력한다.

아프리카 최초로 소녀들을 위한 세이프하우스를 설립한 케냐의 아그네스 파레이요가 음핵절제와 조혼에 반대하는 투쟁으로 유엔에 의해 '올해의 여성'으로 임명된다.

11월 22일, 보건의료 운동가이자 문맹퇴치 운동가인 27세의 말라라이 조야가 아프가니스탄 국회의원으로 당선된다. 조야와 브이데이는 동맹을 맺고, 그녀는 수많은 브이데이 국제 행사에서 아프가니스탄여성들을 대표하여 연설한다.

689개가 넘는 대학이 대학 캠페인에 참가하고 378개가 넘는 도시가 세계적인 캠페인에 참가하여, 도합 54개국에서

2800개가 넘는 자선행사가 열린다.

2006년
브이데이는 위안부 여성들을 위한 정의와 배상을 위한 국제적 요청에 합류한다.

2월 13일과 14일, 브이데이 카라마 프로그램은 요르단 암만에서 열린 브이데이 워크숍에 아랍의 9개 국가에서 온 35명의 여성 활동가들을 불러모은다.

3월, 나이로비 최초의 성범죄 법안이 나이로비 의회에서 논란을 일으킨다. 이 법안은 나이로비 의원이자 브이데이의 오랜 후원자인 뇨키 넝구 의원에 의해 입안된다.

5월, 뉴올리언스 풀뿌리활동가들의 네트워크인 '카트리나 전사'들의 초청으로 뉴올리언스 튤레인대학의 맥칼리스터 강당에 1000명이 넘는 사람들이 모여 이야기와 노래의 밤 행사를 갖는다. '학대에 반대하는 뉴올리언스 지역연합 NORAA'에 소속된 단체들을 돕기 위해 열린 이 행사는 뉴올리언스가 여성과 소녀 들에게 더욱 건강하고 안전한 곳이 되도록 지역단체들간에 대화의 불을 붙이는 역할을 한다.

6월 2일과 3일, 브이데이 조직가 삼파 캉와 윌키는 루사카에서 잠비아 최초로 브이데이 공연을 무대에 올려 전석을 매진시키고 4700달러의 모금 실적을 기록한다. 광고판, 신문, 라디오, TV 등 모든 매체들이 이 자선공연을 다투어 보도한다. 공연이 끝나고 이어진 토론회에는 국회의원과 유명 인사 들이 참여해 여성에 대한 폭력 문제를 논의한다.

6월, 브이데이는 '폭력이 끝나는 그날까지: 뉴욕' 행사를 시작한다. 뉴욕 전체에서 2주 동안 이어진 이 행사는, 여성과 소녀 들에게 행해지는 폭력에 대한 인식을 제고하는 연극, 말하기 퍼포먼스, 지역단체들의 행사 등으로 이루어진다. 이 행사는 뉴욕시와 지역 기업들의 강력한 지원을 받는다. 4개의 천막 공연이 전석 매진되고 70개의 지역단체 모금 행사가 열려 수천 명이 참석한다. 뉴욕시는 또한 대중교통수단을 이용한 공익광고 캠페인을 지원해 수백만 명의 뉴욕 시민들이 보게 한다.

12일, 이브는 콩고공화국 부카부에 있는 판지 병원의 설립자이자 관리자인 데니스 무크웨게 박사를 인터뷰한다. 이브는 이 인터뷰에서 콩고의 성폭력 문제에 관해 이야기하고 성폭력을 예방하기 위해 정책을 변화시키는 방도를 심도 있게 논의한다.

『마리 클레르』는 브이데이를 세계에서 두 번째로 우수한 자선기관으로 명명하면서, 그 이유로 브이데이 기금의 93퍼센트가 여성과 소녀 들에 대한 폭력을 종식시키기 위한 활동에 직접 투입된다는 점을 들었다.

693개가 넘는 대학이 브이데이 대학 캠페인에 참가하고 406개가 넘는 도시가 국제 캠페인에 참가해, 도합 58개 국가에서 3000개가 넘는 자선행사가 열린다.

2007년
1월, 브이데이는 '평화 되찾기'를 올해의 테마로 결정하고 '갈등 지역의 여성들'이라는 스포트라이트 캠페인을 시작한다.

2월 21일, 브이데이와 『글래머』지 그리고 헐리우드의 여배우들은 갈등 지역에서 평화를 위해 일하는 보지 전사들을 기리는 행사를 연다. 아카데미 시상식 전야제에 열린 이 행사는 신디 리브, 폴라 와그너, 로사리오 도슨, 샐리 필드, 제인 폰다, 샐마 헤이엑, 마리사 토메이, 케리 워싱턴이 공동으로 주관한다. 이 행사에서는 시에라리온의 성노예 생존자 마거릿 자야, 아이티공화국 여성부 장관 미리엄 멀렛, 아프가니스탄 여성혁명협회의 조야 등이 상을 받는다.

4월, 이브는 수십 년간 정치 폭력으로 얼룩진 나라 아이티공화국을 방문한다. 브이데이는 아이티 여성부 장관인 마리 로렌스 조이슬린과 협력하여 브이데이 아이티여성회 세이프하우스를 설립한다. 카프아이시앵에 위치한 이 세이프하우스는 엘비레 유진이 구입한 주택으로, 그녀는 브이데이의 후원을 얻는다.

6월, 이브는 사진작가 폴라 앨런과 함께 콩고공화국 부카부에 있는 판지 병원의 데니스 무크웨게 박사를 방문한다. 그녀는 강간을 경험한 여성들이 어떻게 목숨을 살리는 수술을 받는지를 목도하고 증언한다.

『기억, 독백, 비명 그리고 기도: 여성과 소녀 들에 대한 폭력을 멈추기 위한 글』이 출판된다. 브이데이와 컬처프로젝트Culture Project는 뉴욕에서 두 번의 자선 독회를 개최한다. 이 독회에는 마이클 커닝엄, 캐시 엥겔, 캐롤 길리건, 헤이젤 굿먼, 캐롤 미셀 캐플란, 마이클 클라인, 제임스 레세슨, 린 노타지, 마크 마투섹, 윈터 밀러, 패트리샤 보스워스, 엘리자베스 레서, 수잔 밀러, 마리사 토메이, 올리비아 와일드 등이 참여한다. 제인 폰다, 알리 맥그로, 발 킬머를 포함한 유명 배우들이 참여한 또 다른 자선 독회가 산타페에서 열린다.

7월, 미 하원은 1932년부터 1945년 사이 일본군에 의해 성노예로 잡혀간 위안부 여성들에 대해 일본정부에 사과를 요청하는 결의안을 통과시킨다. 이 결의안은 일본군이 위안부 여성들에게 강제 납치와 연쇄적인 강간을 공식적으로 인정하는 데 한 걸음 더 가까이 다가가게 하였으며, 브이데이와 한국정신대문제대책협의회가 함께 마련한 위안부 여성들의 증언 순회로 이어진다.

2006년 6월 열린 '폭력이 끝나는 그날까지: 뉴욕' 행사를 본뜬 '폭력이 끝나는 그날까지: 오하이오' 북동부 축제에 오하이오 주 전역에서 100만 명이 넘는 사람들이 참석한다.

이 행사는 여성과 소녀 들에 대한 폭력에 반대하는 주민들의 노력으로 열렸으며 이 문제에 대한 인식을 높이는 역할을 한다.

8월, 콩고공화국 여성들과 브이데이 그리고 유니세프는 '우리의 위대한 자산에 대한 강간을 멈추라: 콩고공화국의 여성과 소녀 들에게 힘을'이라는 캠페인을 시작한다. 2년 동안 펼쳐지는 이 캠페인은 콩고공화국 동부에서 벌어지는 여성에 대한 조직적인 강간을 멈추고, 이러한 만행을 저지르고도 처벌받지 않는 전통을 개선하기 위한 것이다.

'폭력이 끝나는 그날까지: 켄터키' 축제가 열린다. 주 전역으로 브이데이의 메시지가 전달된 이 행사에는 100만 명이 넘는 사람들이 참가하여 여성과 소녀 들에게 행해지는 폭력 문제에 대한 인식을 높인다.

9월 14일부터 16일까지, 브이데이는 뉴욕 라인벡에서 '여성, 힘 그리고 평화' 회담을 오메가 연구소와 공동으로 개최한다. 이 자리에는 노벨평화상 수상자들인 시린 에바디, 왕가리 마타이, 리고베르타 멘추 툼, 베티 윌리엄스, 조디 윌리엄스와 제인 폰다, 나탈리 머천트 등이 참석한다. 이들 외에도 여성과 힘, 평화의 관계를 점검하기 위하여 다양한 분야에서 저명한 여성들이 모인다.

9월 17일, 이브는 컬처프로젝트에서 콩고공화국 동부의 여성들을 위해 지칠 줄 모르고 일하는 크리스틴 슐러 데슈라이버와 함께 행사를 주재한다. 브이데이와 유니세프가 공동으로 주최한 이 행사의 수익금은, 콩고공화국 동부의 여성단체들을 지원하는 데 쓰인다.

700개가 넘는 대학이 대학 캠페인에 참가하고 400개 이상의 도시가 국제 캠페인에 참가하여, 도합 58개국에서 3000개 이상의 자선행사가 열린다.

| **감사의 말** |

 이 작품이 세상에 나오고 세계 여러 곳에 그 존재를 알리는 데는 수없이 많은 사람들의 도움이 있었다. 나는 그들의 고향, 대학, 극장으로 나를 불러 이 작품을 공연할 수 있게 도와준 용기 있는 사람들, 팻 크레이머, 사라 라스킨, 제럴드 블레이즈 라비다, 호위 바가도너츠, 캐롤 아이젠버그, 캐서린 개먼, 린 하딘, 수잰 패독, 로빈 허시, 갈리 골드에게 감사를 표한다.

 영국 초연을 너무나도 멋지게 이끈 스티브 틸러와 클리브 플라워스, 자그레브 공연에 독특한 스타일을 부여하고 나와 자매지간이 된 라다 보릭에게도 특별한 감사를 전한다. 자그레브 전쟁피해여성센터의 자비로우면서도 에너지 넘치는 여성들에게 축복이 내리기를.

뉴욕에서의 공연을 성공시키는 데 결정적인 역할을 한 뉴욕 히어HERE 극단의 탁월한 멤버들에게도 감사를 보내고 싶다. 이 작품을 무조건 믿어주고 깊은 헌신을 보여준 랜디 롤리슨과 바바라 부새키노, 놀라운 무대를 만들어준 웬디 에반스 조지프, 섹시하고도 대담한 조명을 해준 데이비드 켈리와 헤서 카슨, 나와 함께 짬지댄스를 추기 위해 매일 밤 기다려야 했던 알렉스 에반스와 킴 케프겐의 인내심과 완벽성에 경의를 표한다.

나는 로버트 레비단의 신뢰에 감사한다. 매일 밤 출근하다시피 한 미셸 스테클러와 언론 홍보를 맡아준 돈 수마 그리고 놀라운 존경과 애정으로 이 작품에 대한 글을 써준 기자들 알리사 솔로몬, 알렉시스 그린, 레베카 미드, 크리스 스미스, 웬디 와이너와 『미즈』『빌리지 보이스』『미라벨라』지에 감사한다.

훌륭한 서문을 써주었을 뿐만 아니라 나보다 앞서 이 길을 간 글로리아 스타이넘과 보지를 사랑함으로써 이 모든 일을 시작하게 만든 베티 다슨에게 감사를 드린다.

나는 엄청난 지지와 인내로 매일매일의 일을 해준 마크

클라인, 또 힘든 시절 나를 믿어주고 독려해 결국 이런 일이 일어나게끔 만든 캐롤 보디에게 감사한다.

내 작품을 세상에 내놓고 나와 함께 브이데이를 창설한 윌라 샬릿의 재능과 용기에 감사한다.

나에게 언제나 구원의 천사로 나타나준 데이비드 필립스, 보스니아의 위대한 선물을 선사한 로렌 로이드에게도 감사한다. 마리안 슈날, 샐리 피셔, 페미니스트닷컴feminist.com 그리고 브이데이 위원회에도 감사한다.

적정한 시간에 나타나준 개리 선샤인에게도 감사의 말을 전한다.

이 책의 출판을 위해 여러 출판사의 문을 두드리고 결국에는 나의 훌륭한 동지가 된 놀라운 편집자 몰리 도일, 그리고 두려움 없이 이 책의 출판을 수락한 빌라드 출판사와 이 책의 출판 작업을 담당한 매리수 루치에게 감사한다.

거대한 여행을 해준 폴라 마주르, 나와 함께 머물러준 디아 스톤, 나를 경계선 끝까지 밀어준 사파이어에게 축복을 보낸다.

나에게 항상적인 사랑과 지지를 보내준 미셸 맥휴, 데비 쉑크터, 매시 코헌, 주디 카츠, 조우 스타인, 캐시 나지미, 테리 슈와츠, 베티 걸즈와 같은 훌륭한 여성들에게 경의를 표한다. 그리고 나의 스승과도 같은 조앤 우드워드, 셜리 나이트, 린 오스틴, 티나 터너에게도 깊은 경의를 표한다.

수없는 어둠과 맞닥뜨려야 하는 SWP 프로그램의 과감하고도 용기 있는 여성들, 특히 마리차, 타루사, 스테이시, 일리사, 벨린다, 데니스, 스테파니, 에드윙, 조앤, 비벌리, 타와나에게 감사를 드린다.

나를 집안으로 허락해 그들의 이야기와 비밀을 나누도록 믿어준 수백 명의 여성들에게 깊은 감사를 드리고 싶다. 그들의 이야기로 안전하고 자유로운 세상으로 가는 길을 열어준 한나, 케이티, 몰리, 아디사, 룰루, 알리슨, 올리비아, 새미, 이사벨라 등 많은 여성들에게 깊이 감사한다.

이 작품을 나와 함께 잉태하는 데 도움을 준 애리엘 오르조단의 친절함과 다정함은 그 모든 것의 시작이었다.

이 책이 출판된 이래로 많은 사람들이 〈버자이너 모놀로그〉와 관련을 지었다.

10주년 기념판이 나오도록 나에게 더 쓰라고 주문하고, 그 출판을 위해 통찰력 있고 열정적이면서도 사려 깊은 작업을 해준 조이 드 메닐에게 감사한다.

『버자이너 모놀로그』가 처음 출판된 이래 1999년 10월

3일 연극 〈버자이너 모놀로그〉가 오프브로드웨이 웨스트사이드 아트센터 무대에 올려졌으며, 이 무대는 연극에 제2의 인생을 선사했다.

이 공연의 선임 프로듀서였던 데이비드 스톤에게 감사한다. 그는 〈버자이너 모놀로그〉에 대한 놀라운 선견지명과 고집, 믿음을 가지고 이 공연을 세상에 내놓았다. 나는 그가 브이데이 운동을 양발로 도약하게 만들고, 티켓 판매를 통해 브이데이 운동을 지지하는 방안을 찾은 데 대해 특별히 감사한다.

나는 연출자 조 만텔로의 훌륭한 재능과 간소하고도 아름다운 연출에 감사한다. 그는 나 자신을 덜 진지하게 받아들이도록 설득했고, 구두를 벗고 맨발로 무대에 서게끔 만들었다.

애비 엡스타인이 여성들을 지도하는 사려 깊고 현명하고 섬세한 방법에 경의를 표한다. 그것은 너무나도 훌륭한 도움이 되었다.

나는 〈버자이너 모놀로그〉에 보여준 니나 에스만의 놀랄 만한 믿음에 대해, 그리고 내가 드레스를 찾게 도와준 데 대해 감사를 하고 싶다.

품위 있고 사랑스럽게 또 영리하게 좀더 넓은 세상과의 교류를 추진해준 에릭 슈날에게도 감사한다.

나는 우아함과 위엄으로 〈버자이너 모놀로그〉를 더 넓은 세상으로 안내한 밥 펜넬에게 감사하고 싶다.

마술 같은 음문 커튼을 만들어준 로이 아르세나스와, 완벽함과 우아함을 사랑하는 그의 눈에 감사를 표한다. 비벌리 에몬스의 숨 막히도록 멋진 분홍과 빨강과 보라색의 의상, 나에게 여성스러움과 맹렬함을 동시에 느끼게 만든 조명에 감사한다.

셸 노리스의 사랑스러운 손에 감사한다. 그녀는 나에게 음순 같은 아이섀도를 해줬고 곧추선 내 머리카락과 끊임없이 씨름했고 나를 절대적으로 친절하게 돌봐주었다.

수잔 바고의 놀라운 작업과 따뜻한 가슴에 감사한다. 그녀는 나를 살리는 등 마사지를 해줬다. 그리고 한겨울에 맛있는 메이플쿠키를 구워줘 나를 웃게 만든 미셸 바우어에게도 감사한다.

〈버자이너 모놀로그〉의 거대한 삶에는 더 많은 사람들이 극장 안팎으로 연관되어 있다. 도모닉 색, 조엘 파페, 융 그리핀, 롭 코노버, 아서 루이스, 짐 셈멜먼, 캐런 무어, 애나 호프먼, 댄 마클레이, 마이크 스키퍼, 아라카 그룹, 에이미 멀리노, 패트릭 카룰로, 에리카 대니얼스, 피터 애스킨, 테리 바이른, 에릭 오스본, 러셀 오웬, 수잰 애보트, 로버트 포르티어, 토마스 M. 타이리 2세, 마리사 유, 케이트 설리번, 채드 라이언 민스, 찰리 시브, 도날드 '벅' 로버츠, 빌 버틀러, 데이비드 칼로드너, 토니 리프, 조시 폴락, 개리 거시, 래리 토베, 수 리브먼에게 감사를 전한다.

나는 관대하고도 뛰어난 열정으로 〈버자이너 모놀로그〉에 출연한 모든 배우들에게 감사한다. 그들의 훌륭한 재능에 축복을 보내며 여성에게 행해지는 폭력을 종식시키기 위한 그들의 열정과 의지에 감사한다.

10주년 기념판 『버자이너 모놀로그』를 위해

이제는 브이데이 가족의 일원이 된 사람들이 너무나 많다. 앨리슨 프루티, 토니 멜키오르, 조운 모건, 아만다 마르티그네티와 JFM 2의 제작진들, 해리엇 뉴먼 레브, 블레어 글레이서, 크리스텐 코르티글리아, 프리야 파르마, 제리 린필즈, 앤드류 샬릿, 허니 해리스, 제이드 관체즈, 아샤 빌, 알렉스 페티, 카산드라 델 비스키오, 웬디 셴커, 캐서린 베스링, 에마 마일스, 로렌 웩슬러 혼, 재닛 에이브럼스, 알리 색스, 바바라 스페로, 브라이언 맥렌던, 톤다 마르턴, 드라마티스스 플레이 시비스, 세라 바일, 엘라 골딩에게 감사하다.

1998년 뉴욕에 있는 내 아파트에서 만나 첫 번째 브이데이 행사를 함께 시작한 여성들에게 감사한다. 그 모임이 이렇게 범세계적인 운동으로 발전할지 누가 알았으랴.

대학 캠페인을 계획하고 시작한 캐런 오벨에게도 감사를 표한다.

대학과 지역사회의 금기를 깨고 보지를 얼싸안음으로써 브이데이 정신을 빛나게 한 수천 명의 남녀들에게도 감사한다.

브이데이의 손을 잡아준 기부자, 기업, 재단 들에 감사드린다. 그들은 두려워하지 않았으며 우리가 더 커지도록 도왔다.

샬롯 시디와 조지 레인 그리고 CAA 제작진 모두에게 감사한다. 특히 내 입장에 서준 낸시 로즈와 프랭크 셀배기에게도 감사드린다.

나에 대한 신뢰와 통찰을 간직해준 편집자 낸시 밀러와 이 모든 일이 일어나게끔 만든 리 베레스포드에게 감사한다.

온 심장과 열정 그리고 지혜로 지난 10년간 이 모든 것을 나와 함께한 수잔 셀리아 스완에게 감사한다.

내 삶을 가능하게 해준 토니 몬테니에리에게도 감사한다.

나는 브이데이의 놀라운 핵심 멤버들인 수잔 셀리아 스완, 토니 몬테니에리, 세실 리프워스, 셸 노리스, 퍼바 팬데이, 몰리 카와치, 에이미 스콰이어스, 케이트 피셔, 브라이언 월시, 존 에반스, 히바크 오스만에게 감사한다. 그들은 모두 여성과 소녀 들에 대한 폭력을 종식시키기 위해 확고한 결심과 헌신으로 임해주었다.

특히 용기와 이상을 갖고 브이데이를 중동에 끌어들인 히바크 오스만에게 감사하고 싶다.

또한 이 운동을 지지하고 함께해준 브이 위원회의 일원들인 제인 폰다, 팻 미첼, 멜로디 홉슨, 일렌 차이켄, 로사리오 도슨, 카리 로스, 케리 워싱턴, 샐마 헤이엑, 캐롤 블랙, 린다 포프, 에밀리 스콧 포트럭에게도 감사의 뜻을 전한다.

나에게 영감을 주고 나를 지켜준 내 소중한 친구들인 폴라 앨런, 킴 로젠, 주디 코코란, 브렌다 커린, 마크 매투섹, 제임스 레세슨, 클리브 플라워스, 다이애나 디 베즈, 팻 미첼, 제인 폰다, 라다 보릭, 니콜레타 빌리, 마리 세실 르날드에게도 감사한다.

어머니 크리스, 남동생 커티스와 언니 로라에게도 감사를 보낸다.

나에게 사랑을 가르쳐준 내 아들 딜란과 며느리 시바, 내 아름다운 손녀딸들 콜렛가 샬롯에게도 감사를 보낸다.

| 초판 옮긴이의 말 |

내가 〈버자이너 모놀로그〉를 처음 만난 것은 1998년 『뉴욕 타임스』에서였다. 당시 신문사 국제부에 있었기 때문에 『뉴욕 타임스』나 『워싱턴 포스트』 같은 외국 신문들을 매일 보아야 했고, 그렇게 신문을 보다가 여성의 성기, 입에 담을 수 없는 그 이름을 제목으로 한 연극 공연 기사를 본 것이었다. 처음엔 '도대체 이게 뭐야?' 하는 심정이었으나 그 공연을 소개한 사람이 미국 여성운동의 대모이며 『미즈』 잡지를 창간한 글로리아 스타이넘이라는 것을 알았을 때 난 그것이 심상치 않은 연극이라는 것을 깨달았다.

신문기사를 읽으며 글렌 클로즈, 우피 골드버그, 수잔 새런든, 위노나 라이더, 케이트 윈슬렛, 멜라니 그리피스, 릴리 톰린 등 할리우드의 유명 여배우들이 모두 이 공연에 무료로 출연했으며, 일인당 1000달러라는 거금의 이 자선공연 티켓이 불난 집 호떡처럼 팔려나갔다는 사실을 알았다. 그리고 공연 수익금이 모두 보스니아 난민여성들을 위한 기부금으로 쓰였다는 사실을 알았을 때 내 가슴은 마구 뛰기 시작했다. 그래 바로 이거야! 난 무릎을 쳤다.

그날 저녁 바로 뉴욕에 있는 친구 정현경 교수에게 전화를 했다. 정말 운명이었는지 그녀는 놀랍게도 뉴욕에서 단 한차례 열렸던 그 자선공연을 바로 그 글로리아 스타이넘의 초대로 같이 보았다는 것이었다. 뉴욕 인구가 1000만 명이 넘고 그중 한국사람만도 70만 명이 넘는 실정이니 내가 그걸 운명이라고 표현하는 것이 절대로 과도하지 않다.

혹시 의아하게 생각할 사람들을 위해서 설명하자면 정 교수는 뉴욕 유니언 신학대학 유학 시절 나와 함께 10년을 이웃해 산 가까운 친구 사이로, 귀국해서 한동안 이화여대 교수로 재직하다가 다시 도미, 지금은 유니언 신학대학에 몸담고 있는 세계적인 페미니스트 신학자이며 글로리아 스타이넘과도 절친한 친구 사이다.

정 교수는 내가 〈버자이너 모놀로그〉 이야기를 하자 너무나도 반가워하며 한국에서 〈버자이너 모놀로그〉 공연을 하게 되면 저자 이브 엔슬러, 글로리아 스타이넘과 함께 한국에 오겠다는 약속까지 주고받았다고 말하는 것이었다. 그래서 난 곧 정 교수가 보내온 〈버자이너 모놀로그〉의 번역 작업에 들어갈 수 있었다. 번역은 이미 몇 년 전에 끝났지만 우여곡절 끝에 이제야 책의 출판과 공연이 가능하게 되었다. 늦었지만 이 책을 출판해준 북하우스에 감사드린다.

이 책은 단순히 연극의 대본으로만 읽혀서는 안 된다. 이 작품을 이해하기 위해서는 저자 이브 엔슬러의 개인사에 대한 이해와 아울러 여성의 육체를 되찾고자 하는 여성운동의 최근 동향을 이해해야 한다.

무명의 극작가 겸 배우였던 이브 엔슬러가 최신 페미니즘 경향의 선두주자가 된 것은 바로 〈버자이너 모놀로그〉 때문이었다. 1996년 뉴욕 오프브로드웨이의 작은 극장에 처음 올려진 〈버자이너 모놀로그〉는 충격적이면서도 심오한 내용, 그러나 유쾌하고도 뒤집어지는 대응으로 가는 곳마다 화제를 일으키며 '버자이너 현상'을 기록했다.

그러면 아무도 생각하지 못한 이 작품(여성의 성기에게 말을 시킨다는 발상을 누가 할 수 있겠는가), 〈버자이너 모놀로그〉를 쓴 이브 엔슬러는 도대체 어떤 사람일까?

그녀는 1953년 스카스데일의 부유한 집안에서 태어났다. 아버지는 식품회사의 중역이었고 어머니는 전업주부였다. 전세계를 움직이며 '현상'을 일으키고 있는 이 작품을 쓰게 된 동기는 어린 시절 그녀 자신의 경험에서 비롯되었다.

그녀의 아버지는 어린 시절부터 그녀를 성적으로 학대했고 엄마는 어린 딸에 대한 남편의 성적 추행을 눈치채지 못했다. 아버지의 성적 학대는 그녀가 십대에 들어서자 멈췄지만 그 이후로도 벨트로 때리거나 구타하는 등의 폭력적인 학대 행위는 계속됐고, 어머니는 그걸 알면서도 겁이 나서 남편을 막지 못했다. 그러나 지난 1989년 아버지가 사망한 이후 그들 모녀는 서로 화해하고 좋은 관계를 맺고 있다. 그녀의 어머니는 과거 남편이 행한 딸에 대한 폭력을 막지 못한 것을 깊이 후회하고 있으며 지금 "딸이 하고 있는 일에 대해 자랑스럽게 여기고 있다"라고 말한다.

그러나 어린 시절부터 시작된 아버지의 성적 학대와 폭력은 그녀에게 깊은 상처를 남겼다. 고교 시절부터 알코올중독에 걸릴 정도로 술에 탐닉했던 그녀는 "어려서부터 늘상 학대를 당하면 누구나 자기 자신이 나쁜 사람이라고 믿게 된다"라고 말한다. 고교 졸업 후 버몬트에 있는 미들베리대학에 들어간 그녀는 대학시절의 자신을 "정신병자에 미치광이였다"라고 회상한다. 졸업 논문은 「현대시에 나타난 자살에 대해서」, 그 논문이 자살을 방지하기 위한 길이었다고 한다.

대학 졸업 후 예일대학 연극학과 대학원에 입학했지만 학교는 제쳤고 방황은 계속됐다. 언제나 술에 절어 살았으며 전국을 돌아다녔다. 지하 조직과 어울리며 마피아들을 만나기도 하고, 술집에서는 매일 싸움에 휩쓸렸고, 남자건 여자건 가리지 않고 하룻밤 잠자리를 해결했다.

그녀가 술을 끊고 새 사람이 된 것은 스물네 살 때. 그녀는 어떻게 알코올중독에서 벗어나게 됐는지에 대해서 말하지 않는다. 다만 그때부터 다시 희곡을 쓰기 시작했다. 그녀는 '핵파괴를 반대하는 첼시모임'이라는 단체에서 풀뿌리 조직운동에 대해 배웠고 핵무기에 대한 희곡을 쓴 그녀의 첫 무대는 교회와 시위 현장이었다.

그녀는 당시 연극 연출자이자 웨스트 4번가 살롱의 주인인 리차드 맥더모트와 결혼한 뒤 그의 아들 딜란을 입양했다. 그녀의 나이 스물여섯이었고 아들 딜란은 열아홉이었다. 그러나 다섯 살 때 엄마를 잃고 모성에 굶주린 딜란은 일곱 살밖에 차이나지 않는 엄마지만 그녀와 좋은 모자 관계를 이뤘다. 아이를 낳지 않겠다고 생각한 그녀는 "늘 엄마를 원했던 딜란의 열망을 이해하기 때문에 딜란을 사랑하면서 다른 인간을 사랑하는 것을 배웠다"라고 말하며 지금도 "아들을 사랑하는 것이 내 인생의 매우 중요한 부분"이라고 설명한다.

그녀를 배우 폴 뉴먼의 아내이며 연극계의 대모로 여겨지는 배우 조안 우드워드에게 소개한 것도 딜란이었다. 딜란에게 연기를 가르쳤던 조안 우드워드는 딜란이 가져온 이브 엔슬러의 모놀로그 〈신병훈련소〉를 읽고 자신이 직접 연출(셜리 나이트 주연)해 무대에 올렸으며, 그들 두 여성에 의해 자신의 연극이 주류 무대에 진출했다고 생각하는 이브 엔슬러는 조안 우드워드와 셜리 나이트를 자신의 "정신적인 스승이자 후원자"라고 표현한다.

그녀는 그후 딜란의 아버지와 이혼했지만 탤런트와 배우로 같은 분야에서 활동하는 딜란과는 여전히 가까이 지내면서 동지적 모자 관계를 유지하고 있다. 그녀가 지금의 파트너인 이스라엘 출신의 심리치료사 애리엘 오르 조단을 만난 것은 1988년.

"남편과 막 헤어졌던 그때 난 끔찍했다. 어린 시절의 악몽이 되살아나기 시작했고 완전히 공포에 사로잡혀 있었다. 그때 애리엘은 너무도 친절하고 관대하게 나를 치유시켰다." 그들은 곧 함께 살기 시작했지만 결혼할 계획은 없다. 자신이 양성 모두에게 끌리는 성향이라고 밝히는 그녀는 더구나 '사람을 소유할 수 없다'고 생각하기 때문에 가부장적인 결혼제도에 대해 회의를 갖고 있는 것이다.

구체적으로 〈버자이너 모놀로그〉가 시작된 것은 한 친구와 나눈 폐경에 대한 대화에서부터.

"그 친구가 자신의 성기에 대해서 얼마나 끔찍한 증오와 경멸, 혐오감을 갖고 얘기하는지 너무 충격적이었다. 그래서 다른 여성들에게 성기에 관한 이야기를 들어보기 시작했는데 처음에는 모두 제대로 얘기하지 못하고 불편해했지만, 얼마 지나지 않아 모든 여성들이 자신의 몸 안에 있는 또 다른 자신에 대해 이야기하고 싶어 못 견디는 것을 발견했다."

이후 그녀는 미국뿐만이 아니라 보스니아 난민 캠프까지 날아가 200명이 넘는 여성들의 성기 이야기를 들었다. 그녀가 전국 순회 공연을 하며 발전시킨 이 작품은 미국 각지의 극장과 대학가 등에서 공연마다 만원사례를 기록하며 '현상'을 일으켰고, 이 현상은 예루살렘, 베를린, 자그레브, 아테네, 런던까지, 드디어 2001년 5월 서울까지 도달했다.

그녀의 열렬한 후원자인 조안 우드워드는 "이브에게 불가능한 것은 아무것도 없다. 때로는 이브의 열정에 압도당할

지경이지만 그녀는 끊임없이 우리의 영혼을 건드리고 자극한다"라고 그녀를 설명한다. 그녀를 만나면 누구나 그녀의 열정에 전염돼 그녀와 함께 여성의 육체를 되찾기 위한 거대한 운동에 동참하게 된다는 것이다.

이브와 함께 교도소의 여성들에 대한 영화 작업을 한 배우 글렌 클로즈는 "난 그녀를 너무도 사랑한다. 그녀가 내 인생에 들어오면서부터 내 인생이 바뀐 것처럼 느낀다. 그녀를 알게 된다는 것은 단지 이브 엔슬러라는 한 개인에게 반한다는 것을 넘어서 그녀가 수행하고 있는 성스러운 전쟁을 함께한다는 것을 의미한다. 우리는 모두 중세의 십자군처럼 이브 사단의 핵심 멤버가 되어버렸다"라고 말한다.

글렌 클로즈의 말대로 이브 엔슬러라는 한 여성이 시작한 성스러운 전쟁은 이제 수많은 여성들에 의해 세계 곳곳에서 수행되고 있다. 그리고 마침내 그 전쟁이 이 책의 출판과 공연으로 한국여성들에게도 상륙한 것이다. 이 책을 번역함으로써 전세계의 수많은 여성들이 함께하게 된 이브의 '거대한 여정'에 나도 일익을 담당하여 동참한 것이 자랑스럽다.

2001년 4일

류숙렬

| **개정판 옮긴이의 말** |

　『버자이너 모놀로그』 10주년 기념 개정판이 출간되었다. 지난 10년 동안 『버자이너 모놀로그』는 연극을 위한 하나의 모놀로그 대본에서, 전세계 곳곳에서 벌어지는 브이데이 운동의 교본으로, 또 여성과 소녀 들에 대한 폭력을 종식시키기 위한 대중적인 운동으로 무한대의 변신을 하며 눈부신 발전을 이루어왔다. 이번 『버자이너 모놀로그』 10주년 기념 개정판은 바로 그러한 변신과 발전의 기록이다.

　개정판에는 전에 출간된 적 없는 모놀로그 다섯 편이 추가되었는데, 그중에는 한국의 위안부 할머니들의 증언을 토대로 쓰인 모놀로그 「말하라」도 포함되었다. 또한 이제는 명실상부 세계적인 운동으로 발전한 브이데이 운동의 10년 역사를 정리한 연표를 실었고, 브이데이 운동이 세계 곳곳에서 이룬 변화와 발전의 구체적인 모습들을 담았다. 초판이 이브 엔슬러의 인터뷰에 응한 200여 명의 여성들의 모놀로그 모음집이라면, 개정판은 전세계의 수많은 여성들이 함께 쓴 거대한 기념탑과도 같다. 이브 엔슬러가 글에서 밝혔듯이 이 책에는 공연예술로서의 연극 〈버자이너 모놀로그〉와 여성의 몸을 지키기 위한 운동인 '브이데이' 사이의 긴장미가 넘친다. 그만큼 이 책은 초판 『버자이너 모놀로그』와는 다른 기운이 느껴지는 전혀 새로운 작품이었다.

한국에서도 〈버자이너 모놀로그〉 공연이 몇 년째 이뤄져 왔다. 한 가지 아쉬운 점이라면 한국에서의 공연이 브이데이 운동으로서의 측면은 부각되지 못한 채 공연 활동의 하나로만 한정되어 이루어졌다는 점이다. 이번 개정판의 출간과 더불어 한국의 〈버자이너 모놀로그〉 공연에도 변화의 새 바람이 불길 기대해본다.

2009년 8월

류숙렬

류숙렬
서강대학교 독문과 졸업.
뉴욕 헌터컬리지 여성학 학부과정, 뉴욕 시립대학원 졸업(여성학 석사).
페미니스트 잡지 『이프 If』의 편집위원이자 문화일보 부장, 여성전문위원으로 일했으며, 한국신문윤리위원, 방송위원을 역임했다. 페미니즘 연극 〈자기만의 방〉 대본을 썼고, 『한국에 페미니스트는 있는가』『엄마 없어서 슬펐니?』와 시집 『외로워서』를 펴냈다. 옮긴 책으로는 『버자이너 모놀로그』『힐러리 미스테리』(공역) 『여자를 우울하게 하는 것들』 등이 있다. 현재 사단법인 문화미래 이프의 공동대표이다.

버자이너 모놀로그

1판 1쇄　　2001년 4월 30일
개정판 1쇄　2009년 9월 21일
개정판 3쇄　2021년 10월 29일

지은이　　　이브 엔슬러
옮긴이　　　류숙렬
펴낸이　　　김정순
책임편집　　고우리
펴낸곳　　　(주)북하우스 퍼블리셔스
출판등록　　1997년 9월 23일 제406-2003-055호

주소　　　　04043 서울시 마포구 양화로 12길 16-9(서교동 북앤빌딩)
전자우편　　editor@bookhouse.co.kr
홈페이지　　www.bookhouse.co.kr
전화번호　　02-3144-3123
팩스　　　　02-3144-3121

ISBN　978-89-5605-374-5　03840